AF305337

LES SOCIÉTÉS DE SECOURS MUTUELS

ANDRÉ GOURDIN

DOCTEUR EN DROIT
SOUS-CHEF DE BUREAU AU MINISTÈRE DE L'HYGIÈNE, DE L'ASSISTANCE
ET DE LA PRÉVOYANCE SOCIALES
SECRÉTAIRE-ADJOINT DU CONSEIL SUPÉRIEUR DES SOCIÉTÉS DE SECOURS MUTUELS

LES SOCIÉTÉS

DE

SECOURS MUTUELS

ORGANISATION ET FONCTIONNEMENT
DES ASSOCIATIONS DE PRÉVOYANCE
RÉGIES PAR LA LOI DU 1ᵉʳ AVRIL 1898

PRÉFACE DE MONSIEUR ÉMILE DURAND
DIRECTEUR DE LA MUTUALITÉ ET DU PERSONNEL
AU MINISTÈRE DE L'HYGIÈNE, DE L'ASSISTANCE ET DE LA PRÉVOYANCE SOCIALES

PARIS

IMPRIMERIE PAUL DUPONT

4, RUE DU BOULOI, 4

1920

PRÉFACE

Il m'est tout particulièrement agréable de présenter au public l'étude si substantielle et si documentée que M. André Gourdin, sous-chef de bureau au ministère de l'Hygiène, de l'Assistance et de la Prévoyance sociales, vient de consacrer aux sociétés de secours mutuels de notre pays.

Je ne saurais trop me féliciter, en effet, de l'occasion qui m'est ainsi offerte de pouvoir, tout à la fois, donner à mon très distingué et très dévoué collaborateur un témoignage de mon affectueuse estime, et lui exprimer les vœux sincères que je forme — dans l'intérêt même de l'institution qui nous est également chère — pour le succès de son ouvrage, si digne de recevoir le plus favorable accueil.

Avec une connaissance parfaite du sujet, une science administrative et juridique incontestable, M. André Gourdin a exposé de la façon la plus méthodique et la plus complète les règles qui président à l'organisation et au fonctionnement des différents services mutualistes, telles qu'il a judicieusement su les dégager d'une exacte interprétation des textes en rigueur, de la jurisprudence administrative et des plus récents arrêts du Conseil d'Etat.

Les autorités publiques chargées de veiller à l'application de la loi du 1ᵉʳ avril 1898; les administrateurs dévoués qui ont assumé la lourde tâche de la gestion des sociétés de secours mutuels; tous ceux, enfin, qui, chaque jour plus nombreux, s'intéressent aux progrès des institutions de solidarité sociale, liront avec autant d'attrait que de profit ce guide précieux. Non seulement ils y trouveront les indications les plus détaillées concernant la création et l'administration journalière des associations mutuelles, mais ils sauront aussi en dégager les sages enseignements en vue de l'orientation de leur action dans le sens le plus profitable aux intérêts de la mutualité.

Avec ses vingt-trois mille sociétés, groupées en union, puis en fédération nationale, avec ses cinq millions d'adhérents, ses recettes annuelles de plus de cent millions et ses six cent cin-

quante millions de capitaux accumulés, la mutualité française
constitue, à l'heure actuelle, la force sociale organisée la plus
considérable de notre pays.

Sortie de la période sentimentale qui fut celle de ses débuts,
sans rien vouloir abandonner de l'esprit de généreux altruisme
qui présida à son admirable éclosion et qui lui donne encore sa
haute valeur morale, elle doit désormais, pour remplir pleinement sa bienfaisante mission d'intérêt à la fois social et national, coordonner ses efforts, améliorer ses méthodes conformément aux données de la science et tendre toute son action dans
les voies où elle est appelée à produire les plus féconds résultats.

Dans le domaine des assurances à long terme — assurances
vie ou décès et pensions de retraite garanties — l'heure semble
opportune, pour les puissantes sociétés mutuelles spécialisées
dans ces divers services, de répondre au vœu du législateur et de
réaliser enfin leurs importantes et délicates opérations par l'intermédiaire des caisses autonomes prévues par la loi du 1er avril
1898 et le décret réglementaire du 25 mars 1901. Elles y trouveront ce double avantage : tout d'abord, de pouvoir participer
pleinement aux subventions de l'Etat, dans les conditions
du nouveau barème du 5 novembre 1918 ; ensuite, et surtout, grâce à la garantie du contrôle à la fois technique, administratif et financier auquel elles seront soumises, de donner à
leurs opérations d'assurance un caractère de sécurité et de certitude qui ne pourra que contribuer grandement à leur prospérité.

Est-il besoin d'ajouter que, si louable et si digne d'encouragement que soit l'effort de prévoyance fait par le travailleur en
vue de se constituer pour ses vieux jours une pension de retraite
mutualiste, son intérêt bien compris s'accorde avec son devoir
pour l'inciter à se conformer à l'obligation de la loi du 5 avril
1910 sur les retraites ouvrières et paysannes, et à s'assurer
ainsi, parallèlement, une retraite d'un taux particulièrement
avantageux pour cette raison que sa modique cotisation personnelle se trouve accrue par une égale contribution patronale et
par l'allocation de l'Etat ?

Mais c'est surtout vers le perfectionnement et le développement de ses services d'assurance contre la maladie, à tous les
degrés et sous toutes ses formes, que la mutualité doit porter
son principal effort.

C'est là sa fonction traditionnelle et essentielle. Nul n'ignore
les incontestables bienfaits que, depuis de longues années, elle

n'a cessé de rendre dans ce domaine. Pour en mesurer l'importance, il suffit de rappeler que, chaque année, avant la guerre, les sociétés de secours mutuels dépensaient plus de trente millions en vue d'accorder à leurs adhérents les soins du médecin, les médicaments et une indemnité pécuniaire compensatrice du salaire perdu.

Ces résultats, qui font le plus grand honneur à nos institutions mutuelles, marquent aussi la part considérable que, conscientes de leurs devoirs de l'heure présente, elles sauront assumer dans l'œuvre urgente d'hygiène sociale qu'il convient d'entreprendre résolument pour la sauvegarde de la santé publique et le salut de la race.

Depuis plusieurs années déjà, pouvoirs publics, hygiénistes et sociologues avaient jeté le cri d'alarme et dénoncé le danger mortel que faisait courir à la France la crise redoutable de la dépopulation, imputable non seulement à la faiblesse de notre natalité, mais encore à la mortalité excessive causée par les fléaux sociaux qui ont nom: taudis, alcoolisme et tuberculose. Or, combien plus grave est désormais ce péril et plus impérieuse la nécessité de le conjurer, après la grande tourmente qui, pendant quatre années, a fauché les plus robustes et les meilleurs d'entre nous et laissé derrière elle un si nombreux cortège de déchéances physiques et de misères !

Une tâche immense de réparation, de relèvement et aussi de préservation, sollicite, sans délai, toutes les énergies. Les mutualistes tiendront à honneur d'y collaborer largement et d'y consacrer, de plein cœur, avec toutes leurs bonnes volontés, leurs puissantes ressources morales et matérielles.

Après avoir accueilli avec fierté et reconnaissance dans leurs sociétés leurs glorieux camarades mutilés de la guerre, ils entendent leur donner eux-mêmes, avec sollicitude, tous les soins que nécessite leur état, dans les conditions particulièrement avantageuses de l'article 64 de la loi du 31 mars 1919 sur les pensions militaires.

Dans la lutte nécessaire et urgente contre les maux sociaux qui, sous des formes variées et également redoutables, menacent l'existence de notre Pays, la mutualité, grâce à sa merveilleuse souplesse, a déjà su opposer à la diversité du mal la diversité d'œuvres appropriées qu'elle a le ferme dessein de développer dans la mesure même où le danger s'accroît.

Elle voudra, pour préserver à la fois la santé de la mère et celle de l'enfant, augmenter encore le nombre de ses sociétés maternelles, des consultations de nourrissons et de femmes enceintes, des gouttes de lait; — pour protéger contre l'air anémiant des grandes villes nos jeunes écoliers et en faire des hommes sains et robustes, elle aura à cœur de multiplier les œuvres des colonies scolaires de vacances ainsi que de cure d'air à la campagne ou à la mer ; — pour supprimer le taudis et combattre victorieusement l'alcoolisme dégradant en donnant au travailleur la joie d'un logis clair et salubre, elle offre les fruits de sa longue épargne à l'œuvre bienfaisante des habitations à bon marché; — pour dépister ou enrayer dans sa marche insidieuse le mal meurtrier de la tuberculose, elle entend accorder sa plus étroite collaboration à l'exécution de la loi du 15 avril 1916 et répondre à l'appel du législateur, soit en créant elle-même des dispensaires d'hygiène sociale et de préservation antituberculeuse et des sanatoria, soit en affiliant ses nombreux adhérents aux institutions créées par d'autres collectivités.

Enfin, pour couronner leur œuvre, il convient que les mutualistes, poursuivant plus activement encore leur propagande, achèvent de conquérir pleinement aux idées d'entr'aide fraternelle et de solidarité les populations de nos campagnes; il importe qu'ils y suscitent la création, sinon dans chaque commune, du moins dans chaque canton, d'une société de secours mutuels, afin que, demain, partout présente et agissante, la mutualité puisse revendiquer hautement, — dans le futur régime d'assurance nationale en cas de maladie et d'invalidité — la part prépondérante à laquelle tant de services rendus lui donnent légitimement le droit de prétendre.

E. DURAND.

LES SOCIÉTÉS DE SECOURS MUTUELS

INTRODUCTION

CHAPITRE PREMIER

**Histoire de la législation
sur les sociétés de secours mutuels.**

§ 1ᵉʳ. — LES ORIGINES DES SOCIÉTÉS DE SECOURS MUTUELS

Il est possible de découvrir, dans les institutions de la Grèce antique et de Rome, des groupements assez analogues à nos sociétés de secours mutuels, tels les synedries et hetairies grecques, les collegia tenuiorum, les collegia funeraticia romains.

Au moyen âge, les corporations assistent les artisans tombés dans le besoin et les confréries religieuses obligent leurs membres à se porter mutuellement secours dans toutes les circonstances de la vie (1). A une époque plus récente, les unions compagnonniques et les sociétés maçonniques viennent en aide à leurs adhérents et peuvent, par certains côtés, être rapprochés de nos associations mutualistes.

La Révolution française supprima, par la loi Chapelier des 14-17 juin 1791 et le décret du 18 août 1792, les maîtrises et les jurandes ainsi que les confréries religieuses.

C'est alors que se développèrent des institutions qui étaient déjà apparues à la fin du XVIIIᵉ siècle et dont le but était essentiellement l'assistance mutuelle en cas de maladie ou d'infirmité. Ces institutions constituent, à proprement parler, nos premières sociétés de secours mutuels.

---

(1) Henry POULET. *Les sociétés de secours mutuels. Législation et jurisprudence*, pp. 3 et suiv.

§ 2. — LE RÉGIME DE L'ARTICLE 291 DU CODE PÉNAL

En vertu de l'article 291 du Code pénal, complété par la loi du 10 avril 1834, les sociétés de secours mutuels ne pouvaient se former qu'avec l'autorisation du Gouvernement. L'Administration s'assurait au préalable que l'association ne dissimulait pas, sous les dehors de l'assistance mutuelle, une société secrète (1) et que son organisation morale et financière présentait des garanties suffisantes. L'autorisation gouvernementale était essentiellement révocable et les sociétés autorisées ne jouissaient d'aucun élément de la personnalité civile.

Ainsi, sous le régime du Code pénal de 1810, les associations mutuelles étaient à la fois interdites par la loi pénale et méconnues par la loi civile. Cependant le Gouvernement les recommandait à ses préfets et, dès 1823, on comptait près de 300 sociétés de secours mutuels.

§ 3. — LE RÉGIME DU DÉCRET DU 28 JUILLET 1848
ET DE LA LOI DU 15 JUILLET 1850

La Révolution de 1848, en consacrant la liberté de réunion et d'association, abolit implicitement l'article 291 du Code pénal et la loi de 1834. Le décret du 28 juillet 1848 sanctionna la liberté absolue dont jouissaient en fait, depuis le 24 février, les sociétés de secours mutuels. La circulaire du ministre de l'Intérieur du 31 août 1848 est très explicite à cet égard :

« Citoyen préfet, ma circulaire du 4 de ce mois vous a fait connaître comment devait être entendu et exécuté le décret du 28 juillet, en ce qui concerne les clubs et les cercles ou autres réunions non publiques. Je viens aujourd'hui compléter ces instructions à l'égard des sociétés de secours mutuels dont il n'a pas été fait mention nominative.

« Jusqu'à la promulgation du décret précité, les sociétés de secours mutuels ne pouvaient s'établir sans l'autorisation ministérielle ; mais aujourd'hui ces sociétés se trouvent implicitement comprises dans l'exception de l'article 14 du décret, et demeurent libres de toutes formalités préliminaires. Elles ne sont même pas soumises à l'action de l'autorité municipale, à moins qu'elles ne soient l'occasion de réunions habituelles ; dans ce cas, ce

---

(1) La préfecture de police condamnait les mutualités purement professionnelles et prescrivait aux sociétés de secours mutuels d'embrasser plusieurs industries à la fois. Paul LOUIS. *Histoire du mouvement syndical en France*, p. 77.

serait, non les sociétés, mais leurs réunions, qui devraient être déclarées, comme le prescrit le paragraphe 1ᵉʳ de l'article précité.

« Le département de l'Intérieur n'ayant donc plus à s'occuper des sociétés de l'espèce, vous devez cesser, à l'avenir, de m'en soumettre les statuts. Toute intervention de la part de l'Administration, relativement auxdites sociétés, serait désormais contraire à la nouvelle position que le décret du 28 juillet leur a faite (1). »

La loi du 15 juillet 1850, tout en maintenant aux sociétés de secours mutuels le droit de se constituer librement, décida que les sociétés libres, qui depuis février 1848 ne pouvaient être supprimées que par une décision des tribunaux judiciaires, pourraient être dissoutes par le Gouvernement, le Conseil d'Etat entendu.

Elle institua, d'autre part, une catégorie particulière d'associations mutuelles, les sociétés déclarées d'utilité publique, qu'elle dota de certains éléments de la personnalité civile.

Les sociétés qui ont été déclarées d'utilité publique par décret rendu en Conseil d'Etat peuvent allouer à leurs membres des secours temporaires en cas de maladie et pourvoir à leurs funérailles, mais, pour les empêcher de prendre des engagements qu'on les juge incapables de tenir, il leur est interdit de promettre des pensions de retraite.

Ces sociétés sont administrées par un président, élu par les sociétaires, et placées sous la surveillance et la protection de l'autorité municipale. Elles doivent compter un minimum de 100 membres et un maximum de 2.000. Elles sont autorisées à recevoir des dons et des legs; elles peuvent placer leurs fonds aux caisses d'épargne; elles reçoivent de l'Etat et des communes certains avantages particuliers.

§ 4. — LE RÉGIME DES DÉCRETS DE 1852-1856.

Le décret du 25 mars 1852

Le décret du 25 mars 1852, dont le but est « d'empêcher les désordres qui se sont produits sous le régime d'une législation insuffisante pour les prévenir », abroge le décret du 28 juillet 1848 et remet en vigueur l'article 291 du Code pénal et la loi de 1834. De nouveau, les sociétés de secours mutuels ne peuvent

---

(1) *Bulletin des sociétés de secours mutuels*, 1854, p. 20.

se fonder sans autorisation préalable et le Gouvernement a le droit de les dissoudre par simple arrêté préfectoral.

Le décret du 26 mars 1852

Au moment où le Gouvernement enlevait aux sociétés de secours mutuels le droit de se constituer librement, il instituait un degré intermédiaire entre les sociétés autorisées et les sociétés déclarées d'utilité publique et créait les sociétés approuvées qu'il dotait, en les plaçant sous son contrôle direct, des éléments les plus indispensables de la personnalité civile.

Les sociétés approuvées pouvaient se proposer comme but d'assurer à leurs membres des secours temporaires de maladie et de pourvoir à leurs funérailles. Pour faciliter leur recrutement, on les autorisait à constituer des pensions de retraite en versant au profit de leurs adhérents, sur livrets de la Caisse générale des retraites, les fonds restés disponibles en fin d'année.

La circonscription des sociétés approuvées était, en principe, limitée à la commune. Toutefois une même société pouvait embrasser plusieurs communes, lorsque la population de chacune d'elles était inférieure à 1.000 habitants. Le nombre des membres participants ne pouvait dépasser 500, à moins d'une autorisation spéciale du préfet.

Le droit de nommer le président des sociétés approuvées était réservé au Président de la République.

Les sociétés approuvées peuvent prendre des immeubles à bail, posséder des objets mobiliers, recevoir des dons et legs mobiliers dont la valeur n'excède pas 5.000 francs. Les communes sont tenues de leur fournir un local pour leurs réunions, les livrets et registres nécessaires à leur fonctionnement; leurs actes sont exempts des droits de timbre et d'enregistrement; elles reçoivent des subventions sur les intérêts du fonds de dotation, constitué à l'aide d'une somme de 10 millions prélevée sur le produit de la vente de biens ayant appartenu à la famille d'Orléans (1).

Les préfets peuvent les suspendre ou les dissoudre en cas de mauvaise gestion, inexécution des statuts ou violation des dispositions de la loi.

Tous les avantages dont jouissent les sociétés approuvées sont étendues, par l'article 17 du décret du 26 mars 1852, aux sociétés de secours mutuels déclarées d'utilité publique.

---

(1) Décret du 22 janvier 1852, art. 4 et 5. V. BARBERET. *Les sociétés de secours mutuels. Commentaire de la loi du 1er avril 1898*, p. 15 et suiv.

Le décret du 26 avril 1856.

Le système de retraite par livret de la Caisse générale des retraites, institué par le décret de 1852, était assez vivement critiqué par les sociétés de secours mutuels. Les mutualistes emportant avec eux leurs livrets de retraite quand ils quittaient les associations dont ils faisaient partie, celles-ci se plaignaient de ne point conserver sur leurs membres toute l'autorité nécessaire. Aussi le décret du 26 avril 1856 autorisa-t-il les sociétés de secours mutuels approuvées à placer à la caisse des dépôts et consignations, en un compte « fonds de retraite », ouvert au nom de la société, la partie de leur fonds de réserve destinée à servir des pensions de retraite aux vieillards.

Les pensions étaient constituées par l'intermédiaire de la Caisse générale des retraites au profit des membres participants, désignés en assemblée générale, âgés de plus de 50 ans et comptant au moins dix ans de sociétariat. Les versements destinés à la constitution des pensions pouvaient être faits, au choix de la société, à capital aliéné ou à capital réservé.

§ 5. — LA LÉGISLATION MUTUALISTE DE LA IIIe RÉPUBLIQUE

Un des premiers actes du Gouvernement de la Défense nationale fut de rendre aux membres des sociétés de secours mutuels, par le décret du 27 octobre 1870, le droit de désigner eux-mêmes leurs présidents.

La loi du 21 mars 1884, dans son article 6, paragraphe 4, autorisa les syndicats professionnels régulièrement constitués à fonder librement des caisses spéciales de secours mutuels et de retraites.

Enfin fut promulguée, après de longs débats parlementaires, la loi du 1er avril 1898, qui constitue la charte actuelle de la mutualité française.

Cette loi, qui est empreinte de l'esprit le plus libéral, modifie sur un grand nombre de points le régime antérieur des sociétés de secours mutuels (1). Voici les principales de ses innovations :

Les associations mutualistes peuvent se proposer des buts qui leur étaient précédemment interdits; elles sont autorisées, sous certaines conditions, à assurer leurs membres en cas de vie, de

___

(1) On doit signaler que, depuis 1870, une large tolérance administrative avait supprimé la plupart des entraves de la législation précédente.

décès ou d'accident, à servir des allocations de chômage, à organiser des offices de placement gratuit et des cours professionnels.

La loi nouvelle ne limite ni le nombre des membres, ni la circonscription territoriale des sociétés.

Les associations qui se créent n'ont plus à solliciter une autorisation administrative. Une seule formalité leur est imposée : la publicité résultant du dépôt, par les fondateurs, du texte des statuts ainsi que des noms de ceux qui, à un titre quelconque, doivent participer à la direction de l'association.

Les sociétés de secours mutuels libres jouissent de certains éléments de la personnalité civile.

La qualité de société approuvée ne dépend plus de la faveur gouvernementale ; le ministre (1) ne peut refuser l'approbation à un groupement mutualiste que dans deux cas nettement déterminés : 1° si ses statuts ne sont point conformes aux dispositions de la loi ; 2° s'ils ne prévoient pas des recettes proportionnées aux dépenses pour la constitution des retraites garanties ou des assurances en cas de vie, de décès ou d'accident. La décision de refus du ministre peut être attaquée devant le Conseil d'Etat statuant au contentieux.

Les associations mutualistes de toutes catégories sont autorisées à se grouper en unions.

---

(1) Les services administratis de la mutualité, qui dépendaient primitivement du ministère de l'Intérieur, ont été successivement rattachés au ministère du Travail et de la Prévoyance sociale (25 octobre 1906) et au ministère de l'Hygiène, de l'Assistance et de la Prévoyance sociales (27 janvier 1920).

CHAPITRE II

Définition et caractères distinctifs
des sociétés de secours mutuels.

La mutualité est essentiellement une assurance réciproque contre les risques inhérents à la personne humaine (1).

« L'assurance, a dit M. Cheysson, est une revanche de l'homme sur le hasard et de l'union sur l'isolement. Elle répartit sur tous les associés les mauvaises chances de la vie, de manière à en alléger le poids pour chacun d'eux. Tous en souffrent un peu, aucun n'en est écrasé. A l'individu sans défense, que guette le sort avec ses risques quotidiens et ses coups de foudre exceptionnels, elle substitue la collectivité qui obéit à des règles immuables, enchaîne le hasard et achète la sécurité de la famille par une modique rançon (2). »

Traditionnellement, les sociétés de secours mutuels se bornent à assurer leurs membres contre les risques de la personne humaine, risques de maladie, de vieillesse, de décès, de chômage involontaire par manque de travail. L'article 1ᵉʳ de la loi du 1ᵉʳ avril 1898 énumère les buts qu'elles peuvent se proposer d'atteindre : « Assurer à leurs membres participants et à leurs familles des secours en cas de maladie, blessures ou infirmités, leur constituer des pensions de retraites, contracter à leur profit des assurances individuelles ou collectives en cas de vie, de décès ou d'accidents, pourvoir aux frais des funérailles et allouer des secours aux ascendants, aux veufs, veuves ou orphelins des membres participants décédés. Elles peuvent, en outre, accessoirement, créer au profit de leurs membres, des cours professionnels, des offices gratuits de placement et accorder des allocations en cas de chômage. »

Si les sociétés de secours mutuels poursuivent un but pécuniaire et se proposent d'indemniser leurs adhérents en cas de réalisation de certains risques, elles présentent cependant un

---

(1) Cf. A. DESCHAMPS. *Les caractères juridiques fondamentaux de la mutualité.*

(2) E. CHEYSSON. *Les diverses formes de la prévoyance et la retraite viagère. Revue de la prévoyance et de la mutualité*, 1904, p. 982.

caractère philanthropique nettement marqué : leur administration est gratuite et aucun esprit de gain ne guide leurs fondateurs.

Elles sont organisées sur le principe de l'égalité absolue de traitement entre tous les sociétaires. A charges égales, droits égaux, telle est la règle nécessaire de leur fonctionnement. « Les sociétés de secours mutuels sont tenues, déclare l'article 2 de la loi du 1er avril 1898, de garantir à tous leurs membres participants les mêmes avantages, sans autre distinction que celle qui résulte des cotisations fournies et des risques apportés. »

On peut donc définir les sociétés de secours mutuels : des associations philanthropiques d'assurance mutuelle contre les risques de la vie humaine, basées sur le principe de l'égalité de traitement entre tous les participants.

Cette définition permet de distinguer les sociétés de secours mutuels d'œuvres ou d'entreprises qui poursuivent des buts analogues sans pouvoir cependant se réclamer de la législation mutualiste.

Comme les sociétés de secours mutuels, les *entreprises privées d'assurances*, qui contractent des engagements dont l'exécution dépend de la durée de la vie humaine, se proposent de protéger leurs assurés contre le risque de vieillesse ou de décès; elles en diffèrent essentiellement en ce que leurs fondateurs poursuivent un but lucratif, recherchent des bénéfices et que leurs administrateurs et leurs agents sont rétribués.

Les *associations* régies par la loi du 1er juillet 1901 groupent leurs adhérents dans un but autre que de partager des bénéfices. Mais, tandis que les mutualités visent un but pécuniaire, les associations de la loi de 1901 se proposent un objet étranger à la réalisation immédiate d'un profit en argent (1).

Les sociétés de secours mutuels se distinguent encore des *sociétés de capitalisation et d'épargne*. Ces sociétés prennent l'engagement de verser à leurs adhérents, au bout d'un certain nombre d'années, un capital dont la quotité est déterminée dans les sociétés de capitalisation, indéterminée dans les sociétés d'épargne. Elles permettent ainsi au travailleur de parer aux divers dangers qui le menacent; mais, tandis que la mutualité assure ses adhérents contre certains risques précis et déterminés, l'épargne ne les défend pas contre les tentations qui se présentent; elle ne donne au prévoyant que l'illusion de la sécu-

____

(1) Trouillot et Chapsal. *Du Contrat d'Association*, p. 37.

rité du lendemain et l'on ne saurait y voir même une forme imparfaite d'assurance.

Le législateur a entendu séparer nettement de l'institution mutualiste les sociétés dites *chatelusiennes*, bien que ces associations soient fondées dans un esprit philanthropique et poursuivent un but analogue à celui des mutualités. Ces groupements, dans le type primitif, se proposaient de recueillir des cotisations, fixées à 1 franc par mois et par membre, destinées à produire un capital inaliénable dont les revenus étaient, à partir d'une certaine époque, partagés entre les souscripteurs les plus anciens. L'application du système avait pour résultat de conférer des avantages exorbitants aux membres fondateurs. La loi du 1ᵉʳ avril 1898 a nettement exclu ces sociétés du cadre mutualiste : « Ne sont pas considérées comme sociétés de secours mutuels, déclare l'article 2 de cette loi, les associations, qui, tout en organisant, sous un titre quelconque, tout ou partie des services prévus à l'article précédent, créent, au profit de telle ou telle catégorie de leurs membres et au détriment des autres, des avantages particuliers (1). »

On doit signaler que les *sociétés de secours des ouvriers mineurs*, instituées par le titre III de la loi du 29 juin 1894, sont des organismes tout à fait analogues aux sociétés de secours mutuels. Ces groupements, dont la création est rendue obligatoire dans chaque exploitation minière, assurent des soins et des secours à leurs adhérents, en cas de maladie, et viennent en aide aux familles de leurs membres participants décédés. Elles sont alimentées par une retenue opérée sur les salaires des ouvriers et par un versement patronal égal à la moitié de cette retenue; leurs administrateurs sont désignés partie par l'exploitant, partie par les ouvriers. Elles bénéficient de certains avantages accordés aux sociétés de secours mutuels approuvées et, en particulier, participent à la répartition des subventions prévues à l'article 26 de la loi du 1ᵉʳ avril 1898 (2).

---

(1) Les sociétés ainsi privées du bénéfice de la législation mutualiste et placées sous le régime de la loi du 3 février 1902 sont au nombre de six. Elles se sont groupées, en 1913, sous le titre de « Fédération de la mutualité indépendante ».

(2) Avis de la section des travaux publics du Conseil d'Etat du 1ᵉʳ avril 1914 et arrêté du ministre du Travail du 5 novembre 1918.

TITRE PREMIER

Les organes mutualistes.

PREMIÈRE PARTIE

LES SOCIÉTÉS DE SECOURS MUTUELS

CHAPITRE PREMIER

§ 1er. — DES PERSONNES QUI PEUVENT FAIRE PARTIE
D'UNE SOCIÉTÉ DE SECOURS MUTUELS

Peuvent faire partie des sociétés de secours mutuels les Français majeurs, les mineurs sans l'intervention de leur représentant légal, les femmes mariées sans l'autorisation de leur mari (1).

Les militaires peuvent être autorisés par leur chef de corps à adhérer à une société de secours mutuels, sous la réserve qu'ils ne figureront pas dans le Conseil d'administration et que leur participation au groupement mutualiste ne contrariera en rien les nécessités du service et de l'instruction (2).

Les étrangers ont la faculté de s'affilier aux associations recrutées principalement entre Français et aux groupements constitués entre étrangers qui ont été régulièrement autorisés par le Gouvernement.

Les mutualités admettent généralement deux catégories bien distinctes d'adhérents : les membres participants, qui ont droit à tous les avantages sociaux, et les membres honoraires « qui payent la cotisation fixée ou font des dons à l'association sans

---

(1) Art. 3, § 2, de la loi du 1er avril 1898.
(2) Circulaire du ministre de la Guerre du 15 novembre 1904. (B. O. F. M., vol. 31, p. 54.)

prendre part aux bénéfices attribués aux membres participants » (1). Ce sont des personnes, généralement aisées, qui adhèrent à l'œuvre dans un sentiment de solidarité et de philanthropie et s'efforcent de contribuer à son bon fonctionnement soit par des cotisations en argent, soit en mettant leur activité et leur expérience au service de l'institution. Bien que privés de tout droit aux avantages statutaires, les membres honoraires participent, en principe, au même titre que les autres membres, à l'administration et à la direction de l'association et prennent part aux délibérations de l'assemblée générale. La plupart des sociétés de secours mutuels acceptent cette catégorie de membres (2); les statuts de quelques-unes contiennent des dispositions spéciales pour faciliter leur admission au titre de membres participants, à la suite de revers de fortune.

La loi du 1er avril 1898 ne fixe ni le nombre maximum, ni le nombre minimum des membres d'une société de secours mutuels, ni la proportion des membres participants par rapport aux membres honoraires (3). Seules les institutions qui organisent un service d'assurance en cas de vie, de décès ou d'accident par le moyen d'une caisse autonome sont tenues de grouper, suivant le cas, 2.000 ou 3.000 assurés.

§ 2. — LES STATUTS SOCIAUX

Les statuts sociaux déterminent le but de l'association et en règlent l'organisation et le fonctionnement (4).

---

(1) Art. 3, § 1er, de la loi du 1er avril 1898. Avant la promulgation du décret du 26 mars 1852, beaucoup de sociétés de secours mutuels admettaient dans leurs rangs, sous la dénomination de membres fondateurs, des personnes aisées qui payaient double cotisation sans profiter des avantages matériels de l'association. Le décret organique de 1852 a donné à cette catégorie de sociétaires le qualificatif de membres honoraires.

(2) M. Charles Gide, tout en reconnaissant combien est précieux pour les sociétés de secours mutuels le concours des membres honoraires, estime que ceux-ci tendent à transformer l'institution mutualiste en œuvre de patronage et de charité. Il pense toutefois que « si la cotisation des membres honoraires est une forme de l'aumône, c'est la plus discrète et la plus efficace de toutes ». Ch. GIDE. *Les Institutions du progrès social*, 1912, p. 350.

(3) Conseil d'Etat. Cont., 7 juillet 1905 (Union centrale mutualiste).

En 1913, pour 100 participants, on comptait, en moyenne, 13.87 membres honoraires dans les sociétés approuvées d'adultes et 9.66 seulement dans les sociétés libres. D'autre part, parmi les mutualités approuvées, la proportion des membres honoraires s'élevait à 13.46 % dans les sociétés de maladie-retraite ; elle n'était que de 11.70 % dans les sociétés de maladie et de 4.24 % dans les sociétés de retraite.

(4) On s'est demandé si les statuts d'une société de secours mutuels devaient être considérés comme les clauses d'un simple contrat individuel conclu entre les intéressés ou si, au contraire, il fallait y voir une sorte de loi organique régissant le groupement. Léon DUGUIT. *Les Transformations du droit public*, p. 123 et suiv.

Il est essentiel, pour le développement ultérieur d'une association, que ses statuts soient correctement établis dès l'origine. Pour faciliter la tâche des fondateurs, l'Administration met à leur disposition des statuts-modèles (1), préparés par le Conseil supérieur des sociétés de secours mutuels, qui sont le fruit d'une longue expérience mutualiste.

Parmi les dispositions que contiennent les statuts des sociétés de secours mutuels, il en est dont l'insertion est facultative; d'autres, au contraire, doivent légalement y figurer. On examinera successivement les unes et les autres, dans l'ordre où elles figurent aux statuts-modèles.

But de la société. — Les sociétés de secours mutuels peuvent se·proposer un ou plusieurs des objets énumérés aux articles 1er et 8 de la loi du 1er avril 1898 (2); on admet, en effet, que les sociétés ont le droit de poursuivre isolément les buts qu'elles sont autorisées à atteindre collectivement, et que, en particulier, elles ont la faculté d'organiser des pharmacies mutualistes.

La jurisprudence administrative considère que l'énumération figurant aux articles 1er et 8 de la loi de 1898 est limitative. C'est ainsi que des associations ayant pour but de venir en aide à ceux de leurs membres dont les bateaux et les engins de pêche ont été détruits ou mis hors de service par les événements de mer ne sont pas autorisées à fonctionner en qualité de sociétés de secours mutuels (3); qu'une mutualité ne saurait prévoir l'allocation de secours à ses adhérents appelés sous les drapeaux (4); qu'elle n'est pas recevable à poursuivre en justice les intérêts professionnels de ses membres (5).

----

(1) Il existe des statuts-modèles spéciaux :
a) Pour sociétés communales et intercommunales d'adultes ;
b) Pour sociétés de retraite ;
c) Pour sociétés scolaires ;
d) Pour mutualités maternelles ;
e) Pour unions de sociétés de secours mutuels ;
f) Pour sociétés constituées parmi le personnel ouvrier des filatures de soie.
On peut se procurer le texte de ces statuts-modèles, ainsi que le texte de la loi du 1er avril 1898 en s'adressant, soit à la Préfecture, soit au ministère de l'Hygiène, de l'Assistance et de la Prévoyance sociales, à Paris.
(2) Les groupements qui assurent simultanément plusieurs services mutualistes peuvent admettre des adhérents en vue d'un seul service. Rien ne fait obstacle à ce que, parmi les participants, les uns cotisent uniquement pour la maladie, les autres pour la retraite, d'autres enfin pour la maladie et la retraite. (Note de la section de l'Intérieur du Conseil d'Etat du 22 mars 1905.)
(3) Circulaire du ministre de l'Intérieur du 29 juillet 1899 ; circulaires du ministre de la Marine des 31 décembre 1899 et 21 mars 1912.
(4) Conseil d'Etat. Cont., 2 février 1912 (L'Union de la carrosserie).
(5) Conseil d'Etat. Cont., 10 novembre 1911 (Association amicale

Siège de la société. — Les statuts doivent déterminer le siège social qui ne peut être situé ailleurs qu'en territoire français (1).

Circonscription territoriale. — Les statuts fixent la circonscription territoriale des sociétés, qui peut s'étendre sur toute la France (2).

Admission des membres participants et honoraires. — Les associations mutualistes règlent à leur gré les conditions et les modes d'admission de leurs membres tant participants qu'honoraires (3).

Parmi les conditions auxquelles les sociétés de secours mutuels subordonnent l'admission des membres participants, il en est qui sont particulières à chaque groupement (4); d'autres, au contraire, sont communes à la plupart des associations mutualistes : elles concernent la nationalité, le domicile, l'âge et la santé des candidats.

Les sociétés exigent assez souvent que tout nouvel adhérent produise un extrait de son casier judiciaire, un certificat médical attestant qu'il est en bonne santé, un bulletin de naissance. Ces diverses prescriptions ont pour objet d'écarter les personnes de moralité suspecte et d'éviter aux groupements mutualistes des charges excessives, en leur permettant d'exclure les trop mauvais

---

mutuelle des fonctionnaires et employés des préfectures, sous-préfectures et communes mixtes).

(1) Art. 5, 1°, de la loi du 1er avril 1898.

La loi du 1er avril 1898 a été promulguée en Algérie par le décret du 24 mars 1899 et rendue applicable aux colonies soumises au régime monétaire métropolitain par le décret du 17 janvier 1902.

Les sociétés de secours mutuels d'Indo-Chine sont soumises au régime institué par la loi du 1er avril 1898, sous réserve de certaines modifications imposées par les conditions locales, l'organisation administrative et le régime financier de cette colonie.

(2) Les sociétés mutuelles à circonscription étendue sont généralement amenées, pour faciliter leur administration, à constituer des sections locales. Celles-ci ne sauraient posséder, si l'on veut conserver au groupement son unité fondamentale, ni l'autonomie financiere ni l'autonomie administrative ; en particulier, les sections ne peuvent être dirigées que par des administrateurs agissant en qualité de délégués du Conseil d'administration central.

(3) Art. 5 de la loi du 1er avril 1898 : « Les statuts déterminent :

. . . .

2° Les conditions et les modes d'admission et d'exclusion des membres tant participants qu'honoraires.

(4) Ces conditions sont relatives à la localité ou au quartier qu'habite le nouvel adhérent, à la profession qu'il exerce, à l'usine où il travaille, etc.

Le Conseil d'Etat a reconnu la légalité d'une clause portant que la Société de secours mutuels se recrute exclusivement parmi les membres d'un autre groupement qui n'est point régi par la loi du 1er avril 1898. Conseil d'Etat. Cont., 30 décembre 1910 (La Famille lorraine).

risques : individus déjà atteints de maladies organiques, personnes âgées, etc. (1).

Les modes d'admission des membres participants et honoraires sont variables; généralement les membres honoraires sont reçus par le Conseil d'administration; les membres participants ne sont admis par le Conseil qu'à titre provisoire et sous réserve de la ratification de l'assemblée générale la plus prochaine.

Lès sociétés jouissent d'une entière liberté pour déterminer les modes d'admission de leurs membres; le Conseil d'Etat a déclaré valable une clause portant que certaines catégories de personnes, en l'espèce les membres d'une compagnie de sapeurs-pompiers, seraient admises de droit dans une société de secours mutuels (2).

Administration. — Aux termes de l'article 5, 3°, de la loi du 1er avril 1898, les statuts doivent déterminer « la composition du bureau et du Conseil d'administration, le mode d'élection de leurs membres, la nature et la durée de leurs pouvoirs, les conditions du vote à l'assemblée générale et du droit pour les sociétaires de s'y faire représenter ».

Sont seuls éligibles aux fonctions d'administrateur d'une société de secours mutuels les membres participants et honoraires de cette société. Toutefois on admet que les statuts peuvent limiter aux seuls membres participants le droit de faire partie du Conseil d'administration ou exiger des administrateurs certaines conditions spéciales d'âge ou d'ancienneté dans l'association.

En vertu de l'article 3 de la loi de 1898, tous les administrateurs doivent être Français (3), majeurs de l'un ou de l'autre sexe, non déchus de leurs droits civils ou civiques. Les femmes mariées doivent obtenir l'autorisation maritale.

Les membres du Conseil sont élus par l'assemblée générale des sociétaires par le vote au bulletin secret; il en résulte qu'un administrateur ne saurait tenir ses pouvoirs d'une clause insérée dans les statuts sociaux. Les statuts-modèles donnent aux sociétaires

______

(1) L'Administration autorise les sociétés de secours mutuels qui fixent une limite d'âge pour l'admission des participants à insérer dans leurs statuts une clause dispensant les membres fondateurs de cette condition. Elle considère que des dispositions de cette nature, qui facilitent la création des groupements mutualistes, ne sont pas contraires au principe d'égalité inscrit à l'article 2 de la loi du 1er avril 1898.

(2) Conseil d'Etat. Cont., 14 juin 1912. (Société de secours mutuels des sapeurs-pompiers de Saint-Laurent-du-Pont.)

(3) Toutefois, les sociétés de secours mutuels constituées entre étrangers sont autorisées à choisir leurs administrateurs parmi leurs membres. (Art. 3, § 4, de la loi du 1er avril 1898.)

âgés de plus de 16 ans le droit de prendre part au vote (1). Les membres absents ont la faculté de se faire représenter par un tiers.

Le mandat d'administrateur de société de secours mutuels est essentiellement gratuit. Cette règle n'est point inscrite dans le texte de la loi du 1er avril 1898 (2), mais elle figure à l'article 1er du décret du 25 mars 1901, qui indique que les fonctions d'administrateur ou de directeur de caisses autonomes ne peuvent être rétribuées. Elle est de tradition constante dans la Mutualité.

La durée des pouvoirs des administrateurs est variable; elle ne dépasse généralement pas six ans. Le plus souvent, afin d'assurer une certaine continuité de vues dans la direction de l'association, les membres du Conseil d'administration sont renouvelables par moitié ou par tiers, la première moitié ou les deux premiers tiers sortant étant désignés par voie de tirage au sort.

Le bureau est nommé tantôt par l'assemblée générale, tantôt par le Conseil d'administration (3); il se compose généralement d'un président, d'un vice-président, d'un trésorier et d'un secrétaire. Le titre de chacun d'eux indique suffisamment la nature de ses fonctions, qui doit, au surplus, être précisée par les statuts sociaux.

Le Conseil d'administration et le bureau peuvent déléguer à des agents rétribués quelques-uns de leurs pouvoirs; mais cette délégation ne saurait résulter d'une disposition statutaire ni avoir pour effet de substituer, à l'égard de l'assemblée générale des sociétaires, la responsabilité des agents salariés à celle des administrateurs.

Un certain nombre de groupements instituent, à côté du Conseil d'administration, une commission de contrôle, nommée en assemblée générale et spécialement chargée de vérifier la comptabilité et la caisse de la société.

La loi du 5 décembre 1908 a prévu que, dans les sociétés de secours mutuels constituées dans les armées de terre et de mer, la composition du Conseil d'administration et le mode d'élection

---

(1) Art. 19 des statuts-modèles pour sociétés de secours mutuels scolaires.

(2) L'art. 3 du projet modificatif de la loi du 1er avril 1898, établi par le Conseil supérieur de la mutualité, porte que les fonctions d'administrateur de sociétés de secours mutuels sont « essentiellement gratuites ».

(3) Un président de société de secours mutuels nommé par le Conseil d'administration peut être révoqué par le Conseil dans les formes mêmes prévues pour sa nomination. Jugement de référé du président du tribunal civil de la Seine du 18 janvier 1907. *Bulletin des sociétés de secours mutuels*, 1907, p. 276.

de ses membres, la nature et la durée de leurs pouvoirs, la constitution et le rôle de l'assemblée générale seraient réglés par des statuts-modèles proposés par le ministre de la Guerre et approuvés par le ministre de l'Hygiène, de l'Assistance et de la Prévoyance sociales.

Assemblées générales. — Les statuts doivent prévoir la réunion, chaque année, d'au moins une assemblée générale ordinaire, au cours de laquelle le Conseil d'administration expose la situation morale et financière de l'association et consulte les sociétaires sur les questions importantes que soulève son fonctionnement.

En outre, des assemblées générales extraordinaires doivent pouvoir être convoquées pour procéder à la revision des statuts ainsi que dans les cas graves et urgents.

La validité des délibérations des assemblées générales qui statuent sur l'acquisition ou la vente d'immeubles ou la dissolution volontaire des sociétés est subordonnée à certaines conditions de nombre et de majorité fixées par la loi (1).

Organisation financière. — Les sociétés de secours mutuels sont libres d'adopter la méthode de comptabilité qui leur convient (2). Elles sont simplement tenues d'indiquer, dans leurs statuts, l'emploi qui sera fait des fonds sociaux : placement en valeurs mobilières ou en immeubles, dépôts à la Caisse d'épargne, à la Caisse des dépôts et consignations ou dans un établissement de crédit, etc. (3). Elles doivent fixer, en même temps, le mode de placement et de retrait des fonds ; le plus souvent, dépôts et retraits sont effectués par le trésorier sur l'ordre du président.

Obligations des membres participants et honoraires. — Les statuts déterminent les obligations des membres participants et honoraires et, en particulier, le montant de la cotisation qu'ils sont tenus de verser (4).

Le Conseil d'Etat estime qu'il n'est point nécessaire d'arrêter le montant des cotisations à un chiffre déterminé et qu'il suffit,

---

(1) Art. 11 et 26, § 3, de la loi du 1er avril 1898.
(2) M. G. DELMAS a publié une méthode de *Comptabilité pratique et simplifiée des sociétés de secours mutuels.* On trouvera, dans la *Revue de la prévoyance et de la mutualité* (1915, p. 197 ; 1916, p. 46 et 140), l'exposé de divers systèmes de comptabilité usités dans les sociétés de secours mutuels.
(3) Voir page 25 les règles relatives au placement des fonds des sociétés approuvées.
(4) Art. 5, 5°, de la loi du 1er avril 1898.

pour que les prescriptions de la loi soient observées, d'indiquer les bases fixes et invariables d'après lesquelles la cotisation est calculée (1).

Les sociétés qui constituent au profit de leurs membres des pensions de retraites garanties sont tenues d'indiquer la portion de cotisation spécialement affectée au service de la retraite (2).

Les associations qui servent des allocations en cas de chômage involontaire par manque de travail, qui organisent un office gratuit de placement ou des cours professionnels, pourvoient ordinairement aux dépenses occasionnées par ces services accessoires au moyen d'un supplément de cotisation spécialement affecté à cet emploi.

Parfois, en dehors des cotisations en argent, les membres participants sont tenus de fournir certaines prestations en nature, journées de travail, veillées, etc.

Les statuts des sociétés de secours mutuels obligent généralement les nouveaux adhérents à payer, en plus de la cotisation courante, un droit d'entrée qui varie avec l'âge du candidat.

Obligations de la société. — Les sociétés mutuelles doivent préciser, dans leurs statuts, les avantages qu'elles accordent à leurs membres participants (3). Ainsi les mutualistes acquièrent un véritable droit aux secours sociaux et peuvent, en cas de non exécution des prestations statutaires, poursuivre l'association devant les tribunaux judiciaires compétents.

Toutefois la jurisprudence administrative autorise les sociétés de secours mutuels à accorder accessoirement à leurs sociétaires malades ou aux veuves et orphelins de leurs membres participants décédés des secours exceptionnels en cas de besoins urgents, dont le montant n'est point fixé par les statuts (4).

Mais les associations mutualistes ne sauraient prévoir dans leurs statuts l'attribution de secours aux membres nécessiteux.

---

(1) Conseil d'Etat. Cont., 10 novembre 1911. (La Fraternelle lavalloise.)
(2) Art. 5, 11°, de la loi du 1er avril 1898. Il résulte nettement des déclarations faites, à la Chambre des députés, par le rapporteur de la loi de 1898 que la spécialisation des cotisations n'est pas exigée des sociétés qui constituent des pensions dont ni le chiffre ni l'âge d'entrée en jouissance ne sont garantis. (*Journal officiel. Débats parlementaires. Chambre des députés*, 1896, p. 445.)
(3) Art. 5, 4°, de la loi. Toutefois, le Conseil d'Etat a admis que les statuts, lorsqu'ils définissent d'une façon suffisamment précise les secours assurés, peuvent laisser au règlement intérieur le soin de fixer la quotité et la durée de ces secours. (Conseil d'Etat. Cont., 28 juin 1918, La San-Claudienne de Bon-Secours.)
(4) Art. 46 des statuts-modèles pour sociétés communales.

Comme le faisait déjà observer le Rapport de 1855, « une société de secours mutuels n'est pas un bureau de bienfaisance (1) ».

Les statuts doivent déterminer le mode de constitution des pensions de retraite et, lorsque l'association assure des pensions garanties, ils fixent leur quotité ainsi que l'âge de l'entrée en jouissance (2).

Radiation et exclusion des membres participants et honoraires. — Les statuts doivent régler les conditions d'exclusion des membres participants et honoraires (3).

Le Conseil d'Etat admet que les associations mutualistes jouissent d'une entière liberté pour déterminer les causes de radiation de leurs adhérents (4); il a décidé, notamment, qu'une société pouvait exclure de son sein les membres qui cesseraient de faire partie d'une autre association (5), qui abandonneraient l'enseignement public (6), qui quitteraient une compagnie de sapeurs-pompiers (7).

Les causes qui motivent généralement l'exclusion d'une société de secours mutuels sont les suivantes :

Le non payement des cotisations (8);

La condamnation à une peine infamante;

L'accomplissement d'actes contraires à l'honneur, une conduite déréglée et notoirement scandaleuse;

Un préjudice volontaire et dûment constaté causé aux intérêts de la société (9).

---

(1) Rapport sur la situation des sociétés de secours mutuels, 1855, p. 5.

(2) Art. 5, 9° et 10°, de la loi du 1er avril 1898.

(3) Il a été jugé qu'un membre honoraire, pas plus qu'un membre participant, ne peut être exclu d'une société de secours mutuels sans avoir été appelé à présenter sa défense, même si cette mesure n'est pas prescrite par les statuts. Tribunal de Bordeaux, 18 décembre 1907. *Bulletin des sociétés de secours mutuels*, 1908, p. 383.

(4) Toutefois, en vertu de l'art. 7 de la loi du 21 mars 1884, « toute personne qui se retire d'un syndicat conserve le droit d'être membre des sociétés de secours mutuels et de retraite pour la vieillesse à l'actif desquelles elle a contribué par des cotisations ou versements de fonds. »

(5) Conseil d'Etat. Cont., 30 décembre 1910. (La Famille lorraine.)

(6) Conseil d'Etat. Cont., 24 mai 1912. (Société de secours mutuels des instituteurs et des institutrices de l'Yonne.)

(7) Conseil d'Etat. Cont., 14 juillet 1912 (Société de secours mutuels des sapeurs-pompiers de Saint-Laurent-du-Pont).

(8) Il a été jugé que cette cause d'exclusion ne jouait pas le plein droit et que le sociétaire devait être préalablement mis en demeure de payer ses cotisations arriérées. (Tribunal de la Seine, 22 février 1900. *Bulletin des sociétés de secours mutuels*, 1903, p. 653.)

(9) Un procès intenté à la société ne constitue pas un « préjudice » justifiant l'exclusion de l'adhérent. (Cour d'appel de Toulouse, 24 avril 1913. *L'Avenir de la mutualité*, n° du 3 janvier 1914.)

Les statuts stipulent le plus souvent que l'exclusion, comme la démission, ne donne droit à aucun remboursement en espèces.

Dissolution volontaire de la société. — Les conditions de la dissolution volontaire des sociétés doivent être déterminées par les statuts sociaux (1). Ces conditions sont fixées par l'article 11 de la loi du 1er avril 1898, qui est ainsi conçu : « La dissolution volontaire d'une société de secours mutuels ne peut être prononcée que dans une assemblée convoquée à cet effet par un avis indiquant l'objet de la réunion et à la condition de réunir à la fois une majorité des deux tiers des membres présents et la majorité des membres inscrits ». On admet que les associations mutuelles ont la faculté d'aggraver dans leurs statuts les conditions fixées par la loi pour leur dissolution volontaire.

Liquidation de l'actif social en cas de dissolution. — L'article 5, 7°, de la loi de 1898 exige que les sociétés déterminent les bases de la liquidation à intervenir si la dissolution a lieu.

Les sociétés libres jouissent d'une entière liberté pour régler l'emploi des fonds sociaux en cas de dissolution (2).

Les sociétés approuvées et déclarées d'utilité publique doivent se conformer aux règles de répartition de l'actif fixées par l'article 31 de la loi de 1898.

§ 3. — Assemblée générale constitutive

Les statuts sociaux sont définitivement adoptés par l'assemblée générale constitutive, à laquelle sont convoqués tous les membres fondateurs.

La même assemblée élit les administrateurs chargés, à titre provisoire ou définitif, de diriger l'association et leur donne mandat de remplir les formalités administratives qu'exige la constitution d'une société de secours mutuels. Parfois, afin de hâter l'accomplissement de ces formalités, elle leur donne pouvoir d'opérer aux statuts les rectifications de détail qui pourraient être demandées par l'Administration, en vue de les mettre en conformité avec les prescriptions de la loi.

§ 4. — Formalités administratives exigées
pour la constitution des sociétés de secours mutuels

Les formalités administratives exigées pour la constitution

---

(1) Art. 5, 6°, de la loi du 1er avril 1898.
(2) Elles peuvent en prévoir le partage entre les membres partici-

d'une société de secours mutuels varient suivant qu'il s'agit d'une société libre, approuvée, déclarée d'utilité publique ou constituée entre étrangers.

1° *Sociétés libres.* — Les mutualités qui désirent fonctionner en qualité de sociétés de secours mutuels libres sont simplement tenues de déposer, contre récépissé, à la sous-préfecture de l'arrondissement où est situé.leur siège social ou à la préfecture du département : 1° deux exemplaires de leurs statuts, certifiés conformes par le président et le secrétaire; 2° la liste des noms et adresses de toutes les personnes qui, sous un titre quelconque, sont chargées de l'administration ou de la direction de l'association.

Les sociétés libres peuvent commencer à fonctionner un mois après le dépôt de ces pièces (1).

Le préfet transmet un exemplaire des statuts au ministre de l'Hygiène, de l'Assistance et de la Prévoyance sociales qui les examine et, lorsqu'il a constaté leur légalité, inscrit le groupement sur un répertoire tenu par département (2).

L'autorité administrative n'a pas le pouvoir de contraindre une société de secours mutuels à modifier ses statuts (3); il lui appartient seulement de signaler à l'autorité judiciaire les infractions qu'elle a constatées aux dispositions de la loi du 1er avril 1898 (4).

En cas de déclaration faite de mauvaise foi ou de toutes autres manœuvres tendant à assimiler sous le nom de sociétés de secours mutuels des associations ayant un autre objet, les administrateurs et directeurs sont passibles d'une amende de 16 à 500 francs. Le tribunal correctionnel peut prononcer, en outre, à la requête du ministère public, la dissolution de l'association (5).

2° *Sociétés approuvées.* — Les sociétés qui désirent fonctionner sous le régime de l'approbation doivent déposer à la préfecture ou à la sous-préfecture quatre exemplaires de leurs statuts, accompagnés de la liste de leurs administrateurs (6).

------

pants, en prescrire le versement à une autre association mutualiste, à une œuvre charitable ou d'utilité publique, etc.

(1) Art. 4 de la loi du 1er avril 1898.
(2) Circulaire du ministre de l'Intérieur du 9 décembre 1852.
(3) Conseil d'Etat. Cont., 10 mars 1911. (L'Alliance des Familles.)
(4) Art. 10, § 1er, de la loi de 1898.
(5) Art. 10, paragraphe dernier de la même loi.
(6) La demande d'approbation ne fait pas obstacle à ce que l'association puisse fonctionner, un mois après le dépôt de ses statuts, en qua-

L'approbation est conférée par arrêté du ministre de l'Hygiène, de l'Assistance et de la Prévoyance sociales.

Le ministre ne peut la refuser que dans deux cas nettement déterminés : 1° pour non conformité des statuts avec les dispositions de la loi ; 2° si les statuts ne prévoient pas des recettes proportionnées aux dépenses pour la constitution des retraites garanties ou des assurances en cas de vie, de décès ou d'accident (1).

Si l'approbation est refusée ou lorsqu'un délai de trois mois s'est écoulé sans qu'aucune décision soit intervenue, un pourvoi peut être intenté devant le Conseil d'Etat. Le recours est dispensé de tous droits et peut être formé sans ministère d'avocat.

L'approbation donnée à une société de secours mutuels n'a pas pour effet de couvrir les irrégularités que peuvent contenir ses statuts (2). Aussi les mutualistes ne sont-ils pas admis à discuter devant le Conseil d'Etat la validité d'une délibération prise par une assemblée générale par le moyen d'un recours dirigé contre l'arrêté qui a approuvé cette délibération, alors qu'ils ne relèvent, par ailleurs, contre ledit arrêté, aucun vice qui lui soit propre (3).

L'approbation accordée à une société ne peut lui être retirée que par décret rendu en Conseil d'Etàt, sur la proposition motivée du ministre de l'Hygiène, de l'Assistance et de la Prévoyance sociales et après avis du Conseil supérieur de la mutualité. La décision portant retrait d'approbation est susceptible d'un recours contentieux devant le Conseil d'Etat, sans ministère d'avocat et avec dispense de tous droits (4).

3° *Sociétés déclarées d'utilité publique.* — Les sociétés qui désirent obtenir la reconnaissance d'utilité publique doivent adresser au préfet de leur département : 1° la liste nominative de leurs membres ; 2° six exemplaires de leurs statuts ; 3° un extrait du procès-verbal de l'assemblée générale qui a adopté les statuts ; 4° six exemplaires du règlement intérieur de l'association ; 5° un rapport du président exposant les services rendus par la société, les conditions générales de son organisation et de

---

lité de société de secours mutuels libre. Conseil d'Etat. Cont., 17 mars 1911. (Société de secours mutuels du syndicat régional indépendant de Saint-Claude.)

(1) Art. 16, § 2, de la loi du 1er avril 1898.

(2) Avis de la section des Travaux publics du Conseil d'Etat du 29 juin 1909.

(3) Conseil d'Etat. Cont., 3 mai 1901. (La France Prévoyante) ; 5 juillet 1913 (Fédération mutuelle de l'Hérault.)

(4) Art. 30 de la loi du 1er avril 1898.

son fonctionnement, les raisons particulières qui l'incitent à solliciter la reconnaissance d'utilité publique; 6° le bilan des trois dernières années.

Les sociétés de secours mutuels sont déclarées d'utilité publique par décret rendu en Conseil d'Etat, après avis du Conseil supérieur de la mutualité ou de sa section permanente. Leur règlement intérieur est approuvé par arrêté ministériel.

Le Conseil d'Etat, estimant que les sociétés approuvées jouissent d'avantages presque équivalents à ceux dont bénéficient les sociétés reconnues, se montre, d'une manière générale, peu disposé à déclarer d'utilité publique les associations placées sous le régime de la loi du 1ᵉʳ avril 1898 (1).

4° Sociétés constituées entre étrangers. — Les étrangers ne peuvent créer en France des sociétés de secours mutuels qu'à la condition d'y être autorisés par arrêté ministériel. En outre, les associations ainsi formées ne jouissent que d'une existence précaire, puisque l'arrêté qui leur permet de fonctionner est essentiellement révocable (2).

Les étrangers peuvent être admis dans les sociétés de secours mutuels françaises (3) et aucun texte n'interdit aux Français de faire partie d'une société constituée principalement entre étrangers. Il importe, par conséquent, de distinguer les sociétés françaises, comprenant des étrangers, — soumises à la simple formalité de la déclaration, — des sociétés constituées entre étrangers qui admettent des membres français, — astreintes au régime de l'autorisation préalable.

On a soutenu qu'il suffisait de se placer, pour différencier ces deux catégories de sociétés, au seul point de vue de la nationalité des administrateurs et que l'on devait tenir pour française toute association statutairement dirigée par des Français, quelle que fût, par ailleurs, la nationalité de ses autres membres. Nous estimons que cette condition n'est pas suffisante; pour qu'une société de secours mutuels puisse être admise à bénéficier du régime de la déclaration préalable, il est indispensable à la fois que ses statuts exigent des administrateurs la qualité de Français et que la majorité de ses membres soit de nationalité française (4).

---

(1) Note de la section de l'Intérieur du Conseil d'Etat du 28 avril 1903.
(2) Art. 3, § 4, de la loi de 1898.
(3) L'article 26, § 4, de la loi du 1ᵉʳ avril 1898 vise le cas d'étrangers admis dans des sociétés de secours mutuels approuvées qui constituent des pensions par le livret individuel ou à l'aide du fonds commun inaliénable de retraite.
(4) V. Henry POULET, *Sociétés de secours mutuels*, p. 61.

CHAPITRE II

Capacité civile des sociétés de secours mutuels.

Les diverses catégories d'associations régies par la loi du 1er avril 1898 jouissent de la personnalité civile; toutefois, leur capacité est plus ou moins étendue suivant qu'elles fonctionnent en qualité de sociétés libres, de sociétés approuvées ou de sociétés déclarées d'utilité publique.

Les sociétés constituées entre étrangers, quand elles ont été régulièrement autorisées par arrêté ministériel, jouissent des droits reconnus aux sociétés libres (1). Ce que l'on dira des sociétés libres s'applique donc, sans y rien changer, aux sociétés d'étrangers.

D'autre part, les sociétés reconnues comme établissements d'utilité publique bénéficient de tous les avantages accordés aux sociétés approuvées (2). Elles possèdent en outre la faculté d'acquérir des immeubles de placement dans les conditions fixées par le décret qui les a déclarées d'utilité publique.

1° Actes d'administration.

Les sociétés libres et approuvées peuvent « recevoir et employer les sommes provenant des cotisations des membres honoraires et participants et généralement faire des actes de simple administration; elles peuvent posséder des objets mobiliers, prendre des immeubles à bail pour l'installation de leurs divers services » (3), passer des marchés, effectuer des achats et des ventes; on admet qu'elles peuvent emprunter.

2° Acquisition à titre onéreux des immeubles nécessaires aux services de la société.

Les sociétés libres ont la faculté d'acquérir à titre onéreux,

---

(1) Avis de la section de l'Intérieur du Conseil d'Etat du 28 décembre 1899.

(2) Art. 33 de la loi du 1er avril 1898.

(3) Art. 15, § 1er, de la même loi.

sans autorisation administrative, les immeubles exclusivement affectés à leurs services (1).

Les sociétés approuvées peuvent être autorisées, par décret rendu en Conseil d'Etat, à acquérir les immeubles nécessaires à leurs services d'administration et d'hospitalisation (2).

3° *Capacité d'ester en justice.*

Les sociétés libres et approuvées ont le droit d'ester en justice, tant en demandant qu'en défendant, par l'intermédiaire de leur président ou d'un mandataire spécial (3).

4° *Placement des fonds sociaux.*

a) *Placements mobiliers.* — Les sociétés libres jouissent d'une entière liberté en ce qui concerne le placement de leurs fonds en valeurs mobilières; elles peuvent déposer leurs capitaux dans une Caisse d'épargne, dans un établissement de crédit, ou même chez un particulier; elles ont la faculté d'acquérir toutes valeurs mobilières sans exception.

Les placements des sociétés approuvées doivent être obligatoirement effectués « en dépôts aux Caisses d'épargne, à la Caisse des dépôts et consignations (4), en rentes sur l'Etat, bons du Trésor ou autres valeurs créées ou garanties par l'Etat, en obligations des départements et des communes, du Crédit foncier de France ou des compagnies françaises de chemins de fer qui ont une garantie d'intérêts de l'Etat » (5). Elles

---

(1) Art. 15, § 5, de la loi du 1er avril 1898.
(2) Art. 17, § 3, de la même loi.
(3) Art. 13 de la même loi.
(4) Aux termes de l'art. 21 de la loi du 1er avril 1898, toute société de secours mutuels approuvée a la faculté d'effectuer des versements à la Caisse des dépôts et consignations :
1° En compte courant disponible ou compte de « dépôts » ;
2° En un compte affecté pour toute la durée de la Société à la formation et à l'accroissement d'un fonds commun inaliénable ; ce compte est dénommé « Fonds de retraites ».
Les opérations concernant les comptes dont il s'agit sont effectuées :
A Paris, à la Caisse des dépôts et consignations ;
Dans les départements, chez le préposé de la Caisse des dépôts et consignations de l'arrondissement où est établi le siège de la société, trésorier-payeur général ou receveur particulier des finances ;
Dans les communes où il n'existe pas de préposé, les opérations peuvent être faites chez les percepteurs et, à défaut de percepteur, entre les mains des receveurs des postes et télégraphes. (Loi du 7 juillet 1900 et décret du 28 novembre 1901.)
Les sociétés de secours mutuels ne peuvent posséder qu'un seul compte de dépôts et un seul compte fonds de retraites et leurs opérations ne peuvent être effectuées qu'à la caisse du préposé chez lequel les comptes sont ouverts. Les sections de sociétés de secours mutuels ne peuvent se faire ouvrir ni un compte de dépôts ni un compte fonds de retraites.
(5) Art. 20, § 1er, de la loi du 1er avril 1898.

peuvent, en outre, faire emploi de leurs fonds disponibles, jusqu'à concurrence du cinquième, en parts sociales ou obligations de sociétés ayant pour objet l'organisation d'un dispensaire d'hygiène sociale et de préservation antituberculeuse ou en prêts aux dispensaires publics (1).

Ainsi les sociétés de secours mutuels approuvées ne sauraient se faire ouvrir un compte courant dans une banque ou dans un établissement de crédit.

Leurs titres et valeurs au porteur doivent être déposés à la Caisse des dépôts et consignations, qui se charge gratuitement de l'encaissement des arrérages, coupons et primes de remboursement et en porte le montant au compte « fonds libres » de chaque société (2). Le législateur n'a point exigé le dépôt des titres nominatifs, ceux-ci « ne pouvant évidemment être détournés par des agents ou administrateurs infidèles (3) ».

Les opérations d'achat, de remboursement, de vente des valeurs mobilières appartenant aux sociétés de secours mutuels sont effectuées librement par les groupements intéressés dans les conditions prévues par leurs statuts sociaux. En particulier l'Administration des Finances procède aux transferts de rente sur l'Etat français sans que l'aliénation en soit autorisée par arrêté ministériel (4).

b) *Placements immobiliers*. — Les sociétés libres ne peuvent acquérir des immeubles de placement sous quelque forme que ce soit, à peine de nullité. La nullité est prononcée en justice, soit sur la demande des parties intéressées, soit d'office, sur les réquisitions du ministère public (5).

Les sociétés approuvées sont autorisées à posséder et acquérir des immeubles jusqu'à concurrence des trois quarts de leur avoir, les vendre et les échanger (6).

Toutefois ces opérations, pour être valables, doivent être votées à la majorité des trois quarts de voix, au cours d'une assemblée générale extraordinaire composée de la moitié au moins des membres de la société présents ou représentés (7).

---

(1) Art. 8, § 5, de la loi du 15 avril 1916, sur les dispensaires d'hygiène sociale et de préservation antituberculeuse.
(2) Art. 20, § 4, de la loi du 1er avril 1898.
(3) Rapport Audiffred, déposé le 22 novembre 1894. (*Journal officiel. Chambre des députés. Documents parlementaires*, 1895, p. 166.)
(4) Cependant quelques agents de change exigent que la vente ou le remboursement des titres soit autorisé par le ministre de l'Hygiène ; aucune disposition légale ou réglementaire ne prévoit cette formalité.
(5) Art. 15, § 5, de la loi du 1er avril 1898.
(6) Art. 20, § 2, de la même loi.
(7) Art. 20, § 4, de la même loi.

Les sociétés reconnues d'utilité publique peuvent posséder et acquérir, vendre et échanger des immeubles dans les conditions déterminées par le décret qui les a déclarées d'utilité publique (1).

5° *Acquisitions à titre gratuit.*

Les sociétés libres, comme les sociétés approuvées, peuvent acquérir à titre gratuit des biens mobiliers (2) et immobiliers (3) ; mais, tandis que les sociétés approuvées peuvent être autorisées à conserver en nature les immeubles compris dans un acte de donation ou dans une disposition testamentaire (4), les sociétés libres sont tenues, à peine de nullité de la libéralité, d'aliéner les immeubles qui leur ont été donnés ou légués (5), à moins toutefois que ceux-ci ne soient exclusivement affectés au fonctionnement de leurs services (6).

Les acquisitions par donation ou par legs doivent être autorisées par le Gouvernement (7), représenté par le préfet lorsqu'il s'agit d'un don ou d'un legs mobilier. Si la libéralité est faite à une société dont la circonscription comprend des communes situées dans des départements différents, il est statué par un décret simple (8). S'il y a réclamation des héritiers du testateur ou s'il s'agit d'une donation ou d'un legs immobilier (9), un décret rendu en Conseil d'Etat doit intervenir.

Toutefois les sociétés de secours mutuels peuvent, au même titre que les autres établissements, accepter provisoirement et à titre conservatoire, avant toute autorisation administrative, les dons et legs qui leur sont faits ; cette faculté, qu'elles tiennent de l'article 8 de la loi du 4 février 1901, leur permet de prévenir la caducité des donations et d'obtenir la délivrance des legs.

---

(1) Art. 33, § 1er, de la loi du 1er avril 1898.
(2) Art. 15, § 2, de la même loi.
(3) Art. 15, § 5, de la même loi.
(4) Art. 17, § 2, de la même loi.
(5) Art. 15, § 5, de la même loi.
(6) Avis de la section des Travaux Publics du Conseil d'Etat du 7 mai 1919.
(7) Cette règle s'applique même aux dons manuels. Cf. Théodore TISSIER. *Traité théorique et pratique des dons et legs faits aux établissements publics et d'utilité publique.* Tome II, p. 39 et suiv.
Toutefois, les legs de sommes modiques sont assimilés à des charges d'hérédité et, à ce titre, dispensés de la formalité de l'autorisation administrative.
(8) Art. 15, § 3, de la loi du 1er avril 1898.
(9) Art. 15, § 5, et 17, § 1er, de la même loi.

La capacité des sociétés de secours mutuels de recevoir des libéralités est limitée, en principe, à l'exécution des services en vue desquels ces associations sont instituées : une libéralité faite à une association mutualiste sous des conditions dont l'exécution aurait pour résultat de la faire sortir de ses attributions ne saurait être autorisée.

L'autorisation gouvernementale ne. préjuge nullement de la validité de la libéralité : l'Administration autorise l'acceptation de legs faits en faveur de sociétés de secours mutuels qui n'existaient pas au jour du décès du testateur (1).

Lorsque le testateur laisse des héritiers nécessiteux, le Gouvernement intervient parfois d'une façon officieuse auprès des sociétés légataires pour les engager à faire acte de générosité envers les héritiers naturels malheureux et à leur accorder un secours ou une rente viagère.

L'ordonnance du 2 avril 1817 prescrit au Gouvernement de déterminer, dans l'acte d'autorisation, l'emploi des fonds donnés ou légués, lorsque le donateur ou le testateur a omis d'y pourvoir. Afin d'assurer la perpétuité des libéralités, la jurisprudence administrative a longtemps exigé que l'émolument en fût placé en rente sur l'Etat français, frappée d'inaliénabilité, ou versé à la Caisse des dépôts et consignations, au compte fonds commun inaliénable de retraite.

Depuis quelques années, le Conseil d'Etat s'oppose à l'inscription, dans les décrets d'autorisation, de dispositions stipulant l'inaliénabilité des fonds donnés ou légués. Il considère que de pareilles clauses, « condamnées par la jurisprudence civile, sont contraires à l'esprit général du droit français » (2). D'autre part, le conseil supérieur des sociétés de secours mutuels a demandé que les associations bénéficiaires soient laissées libres de déterminer, dans les limites fixées par la loi et les statuts sociaux, l'emploi qu'elles entendent faire des sommes provenant d'une libéralité (3).

Aussi la jurisprudence administrative la plus récente autorise-t-elle les sociétés à déposer aux Caisses d'épargne ou à la Caisse des dépôts et consignations, en compte courant disponible, les sommes données ou léguées, qui peuvent ainsi être intégralement affectées au paiement des dépenses sociales les plus urgentes.

(1) Cf. Note de M. Lévy-Ulmann, *Sirey*, 1905, 1, 137.
(2) Note de la section des Finances du Conseil d'Etat du 2 octobre 1912.
(3) *Procès-verbaux du Conseil supérieur des sociétés de secours mutuels*, session de juin 1914, p. 41.

CHAPITRE III

Fonctionnement des sociétés de secours mutuels.

§ 1er. — ADMINISTRATION DES SOCIÉTÉS

Le fonctionnement des sociétés de secours mutuels est dirigé par le président, le trésorier, le secrétaire et les membres du Conseil d'administration, chargés de prendre, dans la limite des pouvoirs qui leur sont conférés par les statuts sociaux, les mesures les plus propres à assurer la bonne marche des services.

Le Conseil d'administration se réunit à intervalles réguliers — généralement tous les mois — et règle les affaires de sa compétence qui lui sont soumises, soit par le bureau, soit par l'un de ses membres.

Chaque année, aux époques fixées par les statuts, se tient l'assemblée générale des sociétaires. Le Conseil d'administration y expose la situation morale et financière du groupement et fait approuver sa gestion ainsi que les comptes du trésorier; lorsque la société constitue des pensions au moyen du fonds commun inaliénable, l'assemblée, sur la proposition du Conseil, fixe le montant du versement à effectuer au fonds de retraite; elle arrête le taux des pensions ou des allocations de vieillesse et désigne les bénéficiaires; elle statue souverainement sur les questions dont elle est saisie, soit par le Conseil, soit par les sociétaires, dans les formes prévues par les statuts (1).

Il arrive parfois que le fonctionnement d'une société soulève des difficultés d'ordre contentieux, soit entre l'association et des tiers, soit entre l'association et ses membres. Il est de jurisprudence constante (2) que toutes les contestations qui peuvent s'éle-

---

(1) La Cour de cassation a admis que le vote par correspondance pouvait être adopté par les sociétés de secours mutuels, même lorsque les statuts ne prévoient pas expressément ce mode de votation. Chambre civile, 1er juillet 1907. *Bulletin des sociétés de secours mutuels*, 1907, p. 531.

(2) Conseil d'Etat. Cont., 15 décembre 1858. (Société des Messageries impériales.) « Attendu que l'autorisation donnée par le Préfet aux contractants de se constituer en société de secours mutuels et l'approbation donnée en conséquence par arrêté préfectoral aux règlements faits par lesdits contractants, n'ont pu changer le caractère de ces conventions, ni transformer l'association en établissement public ou ses règle-

ver à l'occasion de l'interprétation ou de l'application des statuts d'une société de secours mutuels sont de la compétence exclusive des tribunaux judiciaires.

En vue d'éviter des procès, que les mutualistes jugent contraires à l'esprit qui inspire leur institution, quelques sociétés ont essayé de soumettre obligatoirement à un arbitre, au moyen d'une clause spéciale insérée dans leurs statuts, les difficultés qui pourraient naître entre elles et leurs adhérents. Il n'a pas été possible à l'Administration d'autoriser de pareilles stipulations, qui sont nulles par application de l'article 1006 du Code de procédure civile (1). Toutefois les statuts peuvent obliger les sociétaires à porter devant une commission spéciale, aux fins d'arrangement et préalablement à toute action en justice, les litiges qui pourraient surgir entre l'association et ses membres. Les unions de sociétés de secours mutuels ont institué des commissions d'arbitrage de ce genre (2), qui s'efforcent de concilier les parties, lorsque surviennent des différends entre mutualistes. Le Rapport sur les opérations des sociétés de secours mutuels pendant l'année 1908 signale que les contestations ainsi portées devant les commissions d'arbitrage sont généralement solutionnées à la satisfaction des intéressés et que le recours devant les tribunaux judiciaires est excessivement rare.

Le Conseil d'administration et l'assemblée générale sont tenues d'assurer le fonctionnement de la société en se conformant aux statuts, qui constituent la loi organique du groupement. Toute mesure qui serait contraire aux prescriptions statutaires, même si elle était décidée par l'assemblée générale, pourrait être déclarée nulle par les tribunaux judiciaires.

Les Sociétés de secours mutuels doivent fonctionner en dehors de toute préoccupation politique ou religieuse, en respectant à la fois la liberté d'opinion et la liberté de conscience de leurs adhérents. Cette règle traditionnelle n'est point inscrite dans la loi du

---

ments en actes administratifs ; attendu, en conséquence, que si les sociétés de secours mutuels sont dans une certaine mesure et dans un intérêt d'ordre public, sous la dépendance de l'autorité préfectorale, les débats qui peuvent s'élever entre les associés sur l'exécution et la portée de leurs conventions étant de nature purement civile, ils n'ont pas été expressément attribués et restent soumis à la compétence des tribunaux civils, investis d'une plénitude de juridiction qu'aucune disposition de la loi n'a restreinte en cette matière. » Voir également Paris, 29 juillet 1869, D. P. 70.2.110 ; Bordeaux, 22 février 1889, D. P. 90.2.135.

(1) Civ. C. 23 mai 1860. D. P. 60.1.243. Justice de paix du Vᵉ arr. de Paris, 13 mars 1908. *Bulletin des sociétés de secours mutuels*, 1909, p. 350.

(2) Une circulaire du ministre de l'Intérieur, en date du 7 novembre 1903, a engagé les unions de sociétés de secours mutuels à constituer des commissions d'arbitrage.

1er avril 1898 ; mais elle figure dans les statuts-modèles établis par le Conseil supérieur de la mutualité (1) et elle s'impose aux groupements qui désirent obtenir les résultats les plus féconds de l'œuvre humanitaire qu'ils poursuivent.

§ 2. — Modifications statutaires

Si l'observation des règles inscrites dans les statuts sociaux s'impose aux Conseils d'administration et aux assemblées mutualistes, ces règles ne sont point immuables ; les associations peuvent les reviser et y apporter toutes les modifications dont l'expérience a fait apparaître l'utilité.

Les modifications statutaires doivent être votées par l'assemblée générale des sociétaires, dans les conditions particulières de majorité fixées par les statuts, sur la proposition soit du Conseil d'administration, soit d'un certain nombre de membres.

Elles ne sont exécutoires, lorsqu'elles s'appliquent à une société libre, qu'un mois après leur dépôt à la sous-préfecture ou à la préfecture (2) ; lorsqu'elles concernent une société approuvée, elles ne peuvent être mises en application qu'à partir du jour où elles ont été revêtues de l'approbation ministérielle (3).

Le Conseil d'Etat a jugé que l'Administration ne saurait subordonner l'approbation de modifications statutaires, dont la légalité n'est pas contestée, à certaines rectifications que les sociétés seraient tenues d'apporter à des dispositions antérieurement approuvées (4).

Les modifications statutaires sont applicables en principe à tous les membres de la société, quelle que soit la date de leur entrée dans le groupement : toute clause qui ne viserait qu'une certaine catégorie de sociétaires, qui ne s'appliquerait qu'aux nouveaux adhérents, par exemple, créerait entre les participants une inégalité de traitement contraire au principe fondamental inscrit à l'article 2 de la loi du 1er avril 1898.

Toutefois des modifications restreignant les avantages sociaux ne sont pas opposables aux sociétaires qui ont des droits acquis à ces avantages : membres participants déjà frappés par la maladie au moment de la mise en vigueur de la nouvelle réglementa-

---

(1) Art. 22.
(2) Art. 4, § 5, de la loi de 1898.
(3) Art. 16, § 5, de la loi.
(4) Conseil d'Etat. Cont., 5 février 1909 (Société de Saint-Vincent-de-Paul) ; 12 novembre 1909 (Société de Notre-Dame), etc.

tion des secours, sociétaires ayant réuni les conditions d'âge et de sociétariat exigées pour l'obtention de la pension avant que ces conditions ne soient modifiées..., etc. Les membres dont il s'agit possèdent, à notre avis, un véritable droit aux secours sociaux et ne sauraient en être privés par le seul effet d'une délibération de l'assemblée générale portant modification aux **statuts.**

§ 3. — Fusions de sociétés

Il arrive parfois que, pour éviter la disparition d'une société, il est indispensable d'agréger la totalité de ses membres à une autre association mutualiste.

Le principe de l'opération doit être adopté en assemblée générale, dans la forme exigée pour le vote des modifications statutaires. La fusion des sociétés libres s'opère sans formalité administrative. La fusion de deux sociétés approuvées ou d'une société libre avec une société approuvée (1) doit être autorisée par le ministre, qui prescrit, en même temps, le versement des fonds de toute nature, appartenant à la société qui disparaît, au compte de l'association qui demeure. La fusion peut s'accompagner de modifications apportées aux statuts de la société qui subsiste.

La question de savoir si les membres de l'ancienne société peuvent conserver, dans la nouvelle association, une situation spéciale au point de vue des avantages statutaires est discutée. Pour soutenir la thèse de la nécessité d'un traitement identique pour tous les sociétaires on peut invoquer le principe d'égalité inscrit à l'article 2 de la loi de 1898. En sens inverse, on fait valoir que les membres de l'ancienne société apportent au nouveau groupement un actif déterminé, qui permet d'instituer en leur faveur un régime spécial. Dans la pratique, l'Administration autorise la fusion des sociétés aux clauses et conditions stipulées dans les assemblées générales, sans exiger l'égalité absolue de traitement entre les membres des divers groupements qui fusionnent.

§ 4. — Controle administratif des sociétés
de secours mutuels

Les sociétés de secours mutuels de toutes catégories sont tenues d'adresser au préfet de leur département, dans les trois

---

(1) L'Administration n'autorise pas la fusion d'une société approuvée avec une société libre, lorsque la société approuvée est appelée à dis-

premiers mois de l'année, la statistique de leur effectif ainsi que celle du nombre et de la nature des cas de maladie. Pour ne point porter atteinte au secret professionnel médical, doivent seules figurer sur l'état les maladies épidémiques et contagieuses que les médecins sont tenus de déclarer en vertu de l'article 15 de la loi du 30 novembre 1892 (1).

Indépendamment de la statistique précédente, les sociétés approuvées ou déclarées d'utilité publique doivent faire parvenir, avant le 31 mars, au préfet de leur département, le compte rendu de leur situation morale et financière, dressé dans les formes prescrites par le ministre (2).

Les administrateurs des sociétés qui négligeraient d'adresser ces divers documents à l'Administration préfectorale encourraient les pénalités inscrites au paragraphe 1er de l'article 10 de la loi du 1er avril 1898.

Les sociétés approuvées ou reconnues d'utilité publique, qui constituent sur le fonds commun des pensions de retraites garanties, sont tenues de produire, tous les cinq ans au moins, la situation de leurs engagements, éventuels ou liquides, et des ressources correspondantes (3).

Enfin, les sociétés approuvées sont tenues de communiquer à l'Administration supérieure, représentée par le préfet, le sous-préfet ou leur délégué, les livres, registres, procès-verbaux et pièces comptables de toute nature. Les administrateurs et directeurs qui se refuseraient à cette communication seraient punissables d'une amende de 16 à 500 francs (4).

Ces moyens de contrôle permettent au Gouvernement de vérifier si les associations mutuelles placées sous le régime de la loi du 1er avril 1898 fonctionnent régulièrement.

Dans le cas où il serait constaté qu'une société approuvée n'applique point ses statuts ou viole les prescriptions légales, l'approbation pourrait lui être retirée par décret rendu en Conseil d'Etat, après avis du Conseil supérieur des sociétés de secours mutuels (5).

---

paraître ; elle estime que cette opération est de nature à faire perdre au fonds de dotation le bénéfice des droits éventuels que l'article 31 de la loi du 1er avril 1898 lui confère, au cas de dissolution, sur l'actif des associations approuvées.

(1) Art. 7 de la loi de 1898. V. les déclarations de M. Audiffred à la Chambre des députés, dans la séance du 30 mai 1896. *Journal officiel.* Débats parlementaires. Chambre des députés, 1896, p. 787.

(2) Art. 29, § 1er, de la loi du 1er avril 1898.

(3) Art. 23, § 3, de la même loi.

(4) Art. 29, §§ 2 et 3, de la même loi.

(5) Art. 30, § 1er, de la même loi.

Ses administrateurs s'exposeraient, en outre, aux sanctions édictées à l'article 10, paragraphe 1er, de la loi du 1er avril 1898, qui vise aussi bien les associations approuvées que les sociétés libres.

De plus, si une société était détournée de son but de société de secours mutuels et si, trois mois après un avertissement donné par arrêté préfectoral, elle persistait à ne pas se conformer aux prescriptions de la loi de 1898, sa dissolution pourrait être prononcée par le tribunal civil de l'arrondissement.

CHAPITRE IV

Dissolution des sociétés de secours mutuels.
Liquidation de l'actif.

Les causes principales qui entraînent la liquidation des sociétés de secours mutuels sont les suivantes : la dissolution volontaire votée dans les conditions prévues par les statuts et par l'article 11 de la loi du 1er avril 1898 ; la dissolution judiciaire prononcée en justice, par application des principes généraux du droit ou de l'article 10 de la loi du 1er avril 1898 ; l'arrivée du terme fixé ou la réalisation de la condition à laquelle est subordonnée la dissolution de l'association, etc.

En cas de dissolution volontaire ou forcée d'une société libre, la liquidation de l'actif s'effectue dans les conditions déterminées par les statuts sociaux ; les fonds sont versés à une œuvre de bienfaisance, répartis entre les participants par tête ou proportionnellement aux cotisations qu'ils ont versées...

La liquidation des sociétés approuvées ou déclarées d'utilité publique est réglée par l'article 31 de la loi du 1er avril 1898. Elle est poursuivie par le liquidateur désigné par les intéressés ou par le tribunal qui a prononcé la dissolution, sous la surveillance du préfet ou de son délégué.

L'article 31 fixe comme suit les bases de répartition des fonds des sociétés dissoutes :

« Il est prélevé sur l'article social, y compris le fonds commun inaliénable de retraites déposé à la Caisse des dépôts et consignations et dans l'ordre suivant :

« 1° Le montant des engagements contractés vis-à-vis des tiers ;

« 2° Les sommes nécessaires pour remplir les engagements contractés vis-à-vis des membres participants, notamment en ce qui concerne les pensions viagères (1) et les assurances en cas de décès, de vie ou d'accident ;

---

(1) L'Administration admet que les sommes destinées à remplir les engagements contractés par une société de secours mutuels vis-à-vis de ses membres participants, en ce qui concerne les secours de vieillesse, peuvent être versées à la Caisse nationale des retraites pour la vieillesse, à capital aliéné.

« 3° *a*) Une somme égale au montant des subventions et secours accordés depuis l'origine de la société par l'Etat, à titre inaliénable, sur, les fonds de la dotation ou autres, pour être, ladite somme, versée au compte de la dotation des sociétés de secours mutuels;

« *b*) Des sommes égales au montant des subventions et secours accordés depuis l'origine de la société par les départements et les communes, à titre inaliénable, pour être, lesdites sommes, réintégrées dans leurs caisses;

« *c*) Des sommes égales au montant des dons et legs faits à titre inaliénable, pour être employées conformément aux volontés des donateurs et testateurs, s'ils ont prévu le cas de liquidation, ou, si leur volonté n'a pas été exprimée, pour être ajoutées au compte de dotation des sociétés de secours mutuels.

« Si, après le payement des engagements contractés vis-à-vis des tiers et des sociétaires, il ne reste pas de fonds suffisants pour le plein des prélèvements prévus au paragraphe 3° ci-dessus, ces prélèvements auront lieu au marc le franc des versements faits respectivement par l'Etat, les départements, les communes, les particuliers.

« Le surplus de l'actif social sera, s'il y a lieu, réparti entre les membres participants appartenant à la société au jour de la dissolution et non pourvus d'une pension ou indemnité annuelle, au prorata des versements opérés par chacun d'eux depuis leur entrée dans la société, sans qu'ils puissent recevoir une somme supérieure à leur contribution personnelle (1). Le reliquat sera attribué au fonds de dotation (2). »

---

(1) Il semble bien résulter de ce texte que les allocations annuelles et renouvelables de retraite que les sociétés ont pu accorder, en conformité des statuts, à quelques-uns de leurs participants doivent être transformées en allocations viagères et consolidées au même titre que les pensions. On ne s'expliquerait pas, en effet, que les allocataires soient, comme les pensionnaires, exclus de la répartition du reliquat de l'actif social s'ils ne continuaient à jouir, après la dissolution de l'association, de leur allocation de retraite.

(2) « Si cette disposition n'existait pas, on pourrait voir des membres d'une société refuser des admissions et, après s'être appliqués pendant plusieurs années à réduire à un chiffre infime le nombre des membres, provoquer la dissolution pour s'approprier des ressources provenant d'une épargne qui n'aurait pas été leur œuvre. » Rapport Audiffred. *Journal officiel*, Chambre des députés, *Documents parlementaires*, 1895, p 169.

DEUXIÈME PARTIE

LES UNIONS DE SOCIÉTÉS DE SECOURS MUTUELS

CHAPITRE UNIQUE

**Buts, organisation et fonctionnement
des unions de sociétés de secours mutuels.**

Pour permettre aux associations mutualistes d'aborder certains services que, à de rares exceptions près, elles étaient incapables d'assurer directement, par suite de leur faiblesse numérique et de leur isolement, la loi du 1ᵉʳ avril 1898 leur a permis de s'unir et de créer de nouveaux organes, dont l'article 8 définit ainsi les caractères :

« Il peut être établi entre les sociétés de secours mutuels, en conservant d'ailleurs à chacune d'elles son autonomie, des unions, ayant pour objet notamment :

« *a*) L'organisation, en faveur des membres participants, des soins et secours énumérés dans l'article premier, notamment la création de pharmacies, dans les conditions déterminées par les lois spéciales sur la matière ;

« *b*) L'admission des membres participants qui ont changé de résidence ;

« *c*) Le règlement de leurs pensions viagères de retraite ;

« *d*) L'organisation d'assurances mutuelles pour les risques divers auxquels les sociétés se sont engagées à pourvoir, notamment la création de caisses de retraites et d'assurances communes à plusieurs sociétés pour les opérations à long terme et les maladies de longue durée ;

« *e*) Le service des placements gratuits. »

L'Administration admet que les unions de sociétés de secours mutuels peuvent se proposer exclusivement une œuvre d'éducation mutualiste, sans poursuivre aucun des buts précis et spé-

ciaux qu'énumèrent les articles 1er et 8 de la loi de 1898 (1).
En fait un nombre important d'unions se consacre exclusivement à la propagande et confie à des organismes distincts et
autonomes le soin d'assurer les services de réassurance en cas
de maladie prolongée, d'assurance en cas de décès, etc.

Les sociétés libres, comme les sociétés approuvées, les sociétés
déclarées d'utilité publique et les sociétés constituées entre
étrangers, peuvent former des unions. Mais les organismes ainsi
créés ne sauraient admettre dans leur sein des associations qui
ne fonctionneraient pas conformément aux dispositions de la
loi du 1er avril 1898, ni recevoir les adhésions individuelles de
mutualistes ordinaires : les unions de sociétés groupent exclusivement les personnes morales reconnues par la loi du 1er avril
1898. On admet cependant qu'elles peuvent recevoir des membres honoraires (2).

Les statuts des unions de sociétés de secours mutuels doivent
déterminer, conformément aux prescriptions de l'article 5 de la
loi de 1898, les règles de fonctionnement de l'association (3);
ils fixent, en particulier, les conditions dans lesquelles les sociétés adhérentes prennent part aux assemblées générales. Tantôt
chaque société est représentée par un nombre fixe de délégués,
tantôt ce nombre varie proportionnellement à l'importance
numérique de l'association; les délégués peuvent être soit les
membres du bureau des associations adhérentes, soit des man-
dataires spécialement désignés à cet effet.

L'union se forme en vertu de délibérations prises par l'assemblée générale des sociétés, portant adhésion au projet
d'union et à ses statuts (4). Elle est définitivement constituée le
jour où les administrateurs ont accepté leur mandat (5).

Les unions de sociétés de secours mutuels peuvent fonctionner soit en qualité d'unions libres, soit en qualité d'unions
approuvées ou déclarées d'utilité publique. Elles sont soumises
aux mêmes formalités que les sociétés ordinaires en ce qui concerne le dépôt de leurs statuts, l'approbation ou la reconnaissance d'utilité publique.

Depuis la loi du 2 juillet 1904, les unions de sociétés libres et

---

(1) *Procès-verbaux du Conseil supérieur des sociétés de secours
mutuels.* Session de novembre 1909, p. 63.
(2) Art. 2, § 2, des statuts-modèles pour unions de sociétés de secours
mutuels.
(3) Art. 10 du décret du 25 mars 1901.
(4) Art. 11 du même décret.
(5) Art. 13 du même décret.

les unions mixtes de sociétés libres et approuvées peuvent, aussi bien que les unions de sociétés approuvées, recevoir l'approbation ministérielle.

Les règles inscrites dans la loi du 1er avril 1898, en ce qui concerne le fonctionnement des sociétés de secours mutuels, leur dissolution et leur liquidation sont applicables, sans modification, aux unions de sociétés.

La question s'est posée de savoir si les unions de sociétés de secours mutuels pouvaient s'unir entre elles pour former des associations du troisième degré. Le Comité consultatif du contentieux du ministère du Travail l'a résolue par la négative (1).

On s'est demandé également si les sociétés de secours mutuels et les unions de sociétés pouvaient se grouper sous le régime de la loi du 1er juillet 1901 sur le contrat d'association. Nous estimons qu'elles en ont le droit, à la condition de poursuivre des objets purement spéculatifs, tels que la propagande et l'étude des questions mutualistes, permis à la fois par les lois de 1898 et de 1901.

---

(1) Avis du Comité consultatif du contentieux du ministère du Travail du 31 janvier 1913.

TROISIÈME PARTIE

LE CONSEIL SUPÉRIEUR DES SOCIÉTÉS DE SECOURS MUTUELS

CHAPITRE UNIQUE

Composition et attributions du Conseil supérieur des sociétés de secours mutuels.

Le Conseil supérieur des sociétés de secours mutuels, institué par l'article 34 de la loi du 1er avril 1898, comprend trente-six membres répartis en deux catégories bien distinctes de dix-huit membres chacune.

La première catégorie se compose de membres désignés par certains corps constitués et de fonctionnaires. Ce sont :

Deux députés et deux sénateurs élus par leurs collègues ;

Deux conseillers d'Etat désignés par leurs collègues ;

Un membre de l'Académie des sciences morales et politiques et un membre de l'Académie de médecine, désignés par leurs collègues ;

Un membre du Conseil supérieur du travail, nommé par ses collègues ;

Un représentant des syndicats médicaux, élu par les délégués de ces syndicats, dans les formes déterminées par le règlement d'administration publique du 13 juin 1899 ;

Deux membres agrégés de l'Institut des actuaires français, désignés par le ministre de l'Hygiène sociale ;

Le directeur général de la comptabilité au ministère des Finances ;

Le directeur du mouvement général des fonds au même ministère ;

Le directeur général de la Caisse des dépôts et consignations ;

Deux délégués du ministre de l'Hygiène, de l'Assistance et de la Prévoyance sociales ;

— 41 —

Un délégué du ministre de l'Agriculture.

La deuxième catégorie comprend dix-huit représentants des sociétés de secours mutuels, dont douze élus par les associations approuvées et six par les sociétés libres.

Les élections ont lieu par collège, les départements étant répartis en douze collèges pour les sociétés approuvées et six pour les sociétés libres (1). Les conseils d'administration des sociétés désignent des délégués, en nombre proportionnel à leur effectif, qui remettent au maire de leur commune, au jour fixé pour les élections, leur bulletin de vote sous enveloppe cachetée ; le dépouillement du scrutin est effectué dans chaque département par les soins du préfet ; les résultats partiels sont transmis au ministère de l'Hygiène sociale, où le relevé des votes est fait par une commission composée de dix présidents de sociétés de secours mutuels.

Pour être éligible au Conseil supérieur, il faut être Français, âgé de trente ans au moins, non déchu de ses droits civils et civiques et avoir été pendant cinq ans administrateur d'une société de secours mutuels. Les femmes peuvent faire partie du Conseil supérieur (2).

Les fonctions de membre du Conseil supérieur sont incompatibles avec celles de directeur ou d'administrateur à un titre quelconque d'une société créant, au profit d'une catégorie de ses membres et au détriment des autres, des avantages particuliers (3).

Les membres du Conseil sont élus pour quatre ans et leurs pouvoirs sont renouvelables. Leurs fonctions sont gratuites ; toutefois les membres du Conseil habitant la province sont remboursés de leurs frais de voyage et de séjour à Paris.

Le ministre de l'Hygiène, de l'Assistance et de la Prévoyance sociales est président de droit du Conseil, qui choisit parmi ses membres deux vice-présidents et un secrétaire.

Le Conseil doit être convoqué deux fois par an en session ordinaire ; il peut être réuni extraordinairement toutes les fois que le ministre le juge nécessaire.

Le Conseil supérieur des sociétés de secours mutuels doit être

---

(1) Voir le décret du 2 mai 1899, portant règlement d'administration publique sur l'élection des représentants des sociétés de secours mutuels au Conseil supérieur institué par la loi du 1er avril 1898.

(2) Cf. sur ce point les déclarations de MM. AUDIFFRED et BARTHOU à la tribune de la Chambre des députés. *Journal officiel*. Débats parlementaires, 1896, p. 814.

(3) Article 34 de la loi du 1er avril 1898, complété par la loi du 1er avril 1914.

obligatoirement consulté : 1° sur le mode de répartition des crédits de subvention inscrits au budget en faveur des sociétés de secours mutuels; 2° lorsque l'approbation conférée à une société lui est retirée par application de l'article 30 de la loi du 1er avril 1898.

Il reçoit communication des états statistiques et des comptes rendus de la situation financière fournis par les sociétés de secours mutuels, ainsi que des inventaires au moins quinquennaux et des autres documents fournis par les sociétés en exécution des articles 7, 23 et 29 de la loi de 1898.

Il donne son avis sur toutes les dispositions réglementaires ou autres qui concernent le fonctionnement des sociétés de secours mutuels.

En fait, il se saisit des diverses questions se rattachant à la mutualité qui lui sont soumises par l'un de ses membres, les étudie et émet des vœux qui sont ensuite transmis aux divers départements intéressés.

Les procès-verbaux des sessions du Conseil supérieur sont régulièrement publiés et constituent une source de renseignements précieux pour l'étude des questions mutualistes.

La section permanente du Conseil supérieur se compose de sept membres nommés par le ministre, dont quatre choisis parmi ceux qui procèdent de l'élection.

La section permanente donne son avis sur toutes les questions qui lui sont renvoyées soit par le Conseil supérieur, soit par le ministre.

Les procès-verbaux des séances de la section permanente ne sont pas publiés.

TITRE II

Les services mutualistes.

CHAPITRE UNIQUE

Les divers services mutualistes.

L'assurance en cas de maladie a été le premier objet que se sont proposé en France les sociétés de secours mutuels et constitue, encore de nos jours, le service de beaucoup le plus important de l'institution mutualiste, celui où son action s'exerce avec le plus d'efficacité (1).

Les groupements fondés antérieurement à la loi de 1850 accordaient le plus souvent à leurs membres malades les soins du médecin, les médicaments et une indemnité quotidienne en argent; quelques-uns n'assuraient que l'indemnité sans le médecin et les médicaments; d'autres les secours médicaux sans l'indemnité.

Beaucoup de ces associations promettaient, en outre, une pension aux infirmes et aux vieillards, transformant ainsi l'indemnité quotidienne en un secours viager à l'âge où les journées trop nombreuses de maladie risquaient d'entraîner, pour la caisse sociale, des dépenses excessives.

Quelques sociétés s'étant trouvées hors d'état de tenir les engagements qu'elles avaient pris à cet égard, le législateur de 1850 crut devoir interdire aux associations déclarées d'utilité

---

(1) Au 1ᵉʳ janvier 1914, 17.273 sociétés, représentant 92 % des associations mutualistes existantes, assuraient à leurs adhérents des secours en cas de maladie.

En 1913, les sociétés de secours mutuels ont dépensé, pour secourir leurs membres en cas de maladie, une somme totale de 32.567.971 francs se décomposant ainsi : honoraires médicaux, 7.290.552 francs ; frais pharmaceutiques, 8.248.023 francs ; indemnités quotidiennes de maladie, 17.029.396 francs. Les dépenses de maladie représentent les 45.5 % des dépenses mutualistes.

On trouvera des renseignements statistiques détaillés concernant les opérations des sociétés de secours mutuels dans le rapport adressé chaque année par le ministre de l'Hygiène, de l'Assistance et de la Prévoyance sociales au Président de la République ; ce rapport est publié au *Journal officiel*.

publique de s'occuper de retraites. Mais cette prohibition ne fut pas de longue durée et, dès 1852, les groupements mutualistes furent autorisés à nouveau à servir des pensions à leurs membres (1).

Le service des funérailles constitue, comme celui de la maladie et de la retraite, un des objets essentiels de l'institution mutualiste. Les associations fondées au début du xixe siècle ne manquaient pas de se charger des obsèques de leurs adhérents, lorsqu'il était possible de demander à ceux-ci une contribution suffisante. Plus tard, au payement des dépenses de funérailles s'ajouta le versement de secours en argent à la veuve et aux orphelins des sociétaires décédés (2).

La loi du 1er avril 1898 a sensiblement étendu le champ d'action des mutualités.

En premier lieu, elle les a habilitées à assurer des capitaux en cas de vie, de décès ou d'accident.

D'autre part, elle les a autorisées à se charger d'un nouveau risque, d'ordre économique, le chômage involontaire par manque de travail et, pour réduire l'importance de ce risque, elle leur a permis d'organiser des offices de placement gratuit et des cours professionnels.

La loi du 21 mars 1913 leur a donné la faculté de consentir à leurs membres des prêts hypothécaires en vue de la construction d'habitations salubres et à bon marché.

Enfin, la mutualité s'efforce de sauvegarder les droits de ses adhérents qui changent de résidence par l'organisation des services spéciaux de mutation et de mise en subsistance.

---

(1) En 1913, les sociétés de secours mutuels ont dépensé, pour servir à leurs adhérents des pensions ou des allocations de retraite, une somme de 8.597.219 francs ; en outre, elles ont versé, tant à leur compte fonds commun que sur livret individuel de la Caisse nationale des retraites, une somme totale de 8.768.962 francs.

Les fonds consacrés en 1913 au service de la retraite représentent les 24.3 % des dépenses des sociétés de secours mutuels.

(2) Les dépenses de funérailles se sont élevées, en 1913, pour l'ensemble des mutualités, à 1.955.612 francs et les secours et indemnités d'assurance en cas de décès à la somme de 3.821.732 francs, représentant les 8.2 % du total des dépenses mutualistes.

PREMIÈRE PARTIE

L'ASSURANCE EN CAS DE MALADIE

CHAPITRE PREMIER

Des secours assurés par les sociétés de secours mutuels en cas de maladies ou d'accidents.

---

§ 1er. — DES MALADIES ET ACCIDENTS SECOURUS PAR LES SOCIÉTÉS DE SECOURS MUTUELS

Les groupements mutualistes accordent généralement les secours statutaires aussi bien aux sociétaires atteints de maladie qu'à ceux qui sont victimes d'accidents.

1° *Assurance en cas de maladie.*

La plupart des mutualités se contentent d'indiquer, dans leurs statuts, qu'elles viennent en aide à leurs membres malades. Il en résulte qu'en principe, toute maladie, quelle qu'en soit la nature, donne droit aux avantages sociaux.

L'accouchement n'est généralement pas assimilé à la maladie; cependant des groupements chaque jour plus nombreux soignent les femmes en couches dans les mêmes conditions que les malades ordinaires.

Traditionnellement les sociétés ne prennent point la charge des maladies causées par l'intempérance.

Pendant longtemps elles se sont également refusées à soigner les maladies vénériennes et en particulier la syphilis; les statuts de beaucoup d'associations contiennent une clause, extraite des statuts-modèles établis sous le régime du décret de 1852, portant qu' « aucun secours n'est dû pour les maladies causées par la débauche » (1).

Depuis quelques années on constate que, sur ce point, les sociétés de secours mutuels tendent à se départir de leur ancienne rigueur. Les statuts-modèles élaborés, en 1908, par le Conseil supérieur de la mutualité n'écartent plus les maladies causées par la débauche et spécifient même qu'on ne saurait refuser les secours sociaux aux syphilitiques (2).

On doit souhaiter que les associations mutualistes suivent, à cet égard, les indications des statuts-modèles, qui sont conformes à la fois à l'intérêt général du pays et à l'intérêt particulier des sociétés; il est bien certain, en effet, qu'un sociétaire atteint de syphilis, s'il n'est pas énergiquement soigné dès le début de sa maladie, constitue plus tard, pour l'association dont il fait partie, une charge très lourde.

On doit noter que les sociétés qui privent des secours sociaux les sociétaires atteints de certaines affections déterminées éprouvent de sérieuses difficultés à appliquer leurs statuts. Les médecins, liés par le secret professionnel, se refusent généralement à indiquer le diagnostic exact des maladies qu'ils soignent et il semble bien que, pour se protéger contre des abus possibles, les sociétés ne peuvent exiger du médecin traitant qu'un certificat attestant que l'affection dont est atteint le membre participant rentre bien dans la catégorie des maladies admises à bénéficier des secours statutaires.

2° *Assurance en cas d'accident.*

En principe les sociétaires blessés jouissent des mêmes avantages que les malades, sans qu'il y ait lieu de distinguer entre les blessures causées par les accidents ordinaires et celles qui proviennent d'un accident soumis à la loi du 9 avril 1898. On admet que le fait, pour un mutualiste victime d'un accident du travail ou atteint d'une maladie professionnelle, de recevoir de son patron les avantages prévus par la loi de 1898, ne saurait avoir pour résultat de le priver des secours qui résultent de son affiliation à une institution de prévoyance (3).

---

(1) Article 29 des statuts-modèles.
(2) Article 42, note 4.
(3) La Cour de cassation a jugé que la rente viagère due à raison d'un accident du travail pouvait se cumuler avec une pension de retraite. (Cass., chambre civile, 21 juillet 1904), *Bulletin des sociétés de secours mutuels*, 1904, p. 637.

Toutefois, il est bien évident que le cumul des avantages mutualistes et de ceux de la loi du 9 avril 1898 est de nature à entraîner des abus. Aussi, quelques sociétés, par une disposition expresse de leurs statuts, privent-elles des secours sociaux les membres participants victimes d'un accident du travail. D'autres associations, sans supprimer les secours, obligent les accidentés du travail à leur rembourser les dépenses qu'elles ont faites, jusqu'à concurrence des sommes perçues du chef d'entreprise responsable.

En vertu de l'article 5 de la loi du 9 avril 1898, les industriels peuvent se décharger sur une société de secours mutuels, pendant 30, 60 ou 90 jours, du fardeau des frais de maladie et des indemnités temporaires qui leur incombent par application de la législation sur les accidents du travail.

Une convention doit être conclue à cet effet, dans les conditions déterminées par l'arrêté réglementaire du 16 mai 1899, entre l'employeur et la société, stipulant que tout ouvrier de l'entreprise pourra, s'il y consent, être affilié à l'association mutuelle. Le patron est tenu de verser, pour ses ouvriers ainsi admis dans la mutualité, une contribution personnelle qui ne peut être inférieure au tiers de la cotisation statutaire exigée pour les secours de maladie et les frais de gestion.

Dans le cas où l'indemnité journalière de la société de secours mutuels n'atteint pas le demi-salaire de l'ouvrier, le complément est dû par le chef d'entreprise, à moins que la société n'en ait assumé la charge par une clause expresse de la convention.

§ 2. — Nature des secours accordés, en cas de maladie, par les sociétés de secours mutuels

Traditionnellement, les sociétés de secours mutuels assurent à leurs membres malades les soins du médecin et les médicaments ainsi qu'un secours journalier en argent, destiné à compenser en partie la perte du salaire.

Ainsi le secours mutualiste en cas de maladie tend essentiellement à rétablir la santé et la capacité de travail du participant. Son efficacité est certaine : le sociétaire, assuré de la gratuité des soins médicaux et des médicaments, n'hésite pas, dès l'apparition des premiers symptômes morbides, à faire appel au médecin et à suivre le traitement approprié à sa maladie.

Quelques sociétés à faible cotisation se bornent à assurer les soins du médecin et les médicaments sans indemnité quotidienne.

D'autres associations substituent une allocation journalière aux secours médicaux et pharmaceutiques. Ce système offre le grave inconvénient de permettre aux malades d'utiliser, pour des besoins moins urgents, des sommes qui sont destinées, en principe, à régler les honoraires des médecins et les dépenses pharmaceutiques; il arrive que les adhérents de ces groupements n'appellent le docteur que pour faire constater leur maladie et ne se soignent ensuite qu'imparfaitement, à l'aide de procédés empiriques.

Les secours mutualistes sont généralement fournis au domicile du sociétaire; peu nombreuses sont les sociétés qui assurent l'hospitalisation de leurs membres malades.

1° *Soins médicaux*. — Les sociétés de secours mutuels prennent généralement à leur charge, outre les soins médicaux proprement dits, les opérations de petite chirurgie.

2° *Médicaments*. — Les associations mutualistes fournissent gratuitement les médicaments prescrits par le médecin traitant; elles excluent d'ordinaire les spécialités pharmaceutiques et les eaux minérales.

3° *Indemnités quotidiennes*. — Les sociétés assurent généralement à leurs membres une indemnité quotidienne de maladie pendant une durée déterminée par les statuts; tantôt l'indemnité n'est accordée qu'au bout de quelques jours de maladie; tantôt elle est versée à partir du premier jour, lorsque l'incapacité de travail dure un certain temps.

Les statuts d'un grand nombre de sociétés stipulent que si, à l'expiration du terme fixé pour la suppression de l'indemnité quotidienne, le malade n'est pas rétabli, l'allocation peut lui être maintenue, à titre exceptionnel, par le Conseil d'administration.

4° *Secours divers*. — Un certain nombre de sociétés fournissent à leurs membres, en cas de maladie, des secours en nature, tels que du pain ou du lait.

Parmi les associations de cette catégorie, il faut signaler les sociétés de vignerons de la Côte-d'Or et de Saône-et-Loire, qui, pendant la maladie de l'un des associés, cultivent sa vigne et font sa vendange.

§ 3. — Durée des secours de maladie assurés
par les sociétés de secours mutuels

Il importe de distinguer, au point de vue de la durée des secours, les sociétés ordinaires des caisses de réassurance

1° *Sociétés de secours mutuels.* — En règle générale les sociétés de secours mutuels n'accordent pas à leurs adhérents malades les secours prévus par les statuts pendant une durée supérieure à trois mois ou à six mois. Le risque de longue maladie se réalise si rarement, et, lorsqu'il se produit, entraîne des frais si élevés que les associations ordinaires, à effectifs généralement restreints, — en 1913, les sociétés qui assuraient leurs 'adhérents contre la maladie comptaient, en moyenne, 155 membres participants — ne peuvent en prendre la charge.

Cependant un grand nombre d'associations, qui limitent à trois mois ou à six mois la durée de l'indemnité journalière, accordent à leurs membres les soins médicaux et les médicaments jusqu'à la fin de la maladie. D'autre part, un petit nombre de sociétés à gros effectifs versent l'indemnité quotidienne pendant plusieurs années.

2° *Caisses de réassurance.* — Les caisses de réassurance accordent à leurs membres, à partir du moment où ceux-ci ont épuisé leur droit aux secours dans les sociétés ordinaires, c'est-à-dire à partir du troisième ou du sixième mois de maladie, une indemnité quotidienne en argent pendant une période déterminée (1). Quelques caisses payent cette indemnité jusqu'à complète guérison ; la plupart cessent de la verser au bout de la deuxième ou de la troisième année de maladie.

Afin de pouvoir réunir de gros effectifs, les caisses de réassurances sont généralement constituées sous la forme d'organismes régionaux, placés sous le patronage des unions mutualistes départementales et reçoivent l'adhésion collective des membres des sociétés de secours mutuels (2).

---

(1) Le terme de caisse de réassurance est impropre. En effet, ces organismes ne réassurent pas des risques déjà pris en charge par les sociétés ordinaires ; ils assurent leurs adhérents contre un risque particulier : la maladie de longue durée.

(2) Au 1er janvier 1914, on comptait 94 caisses de réassurance en cas de maladie prolongée, groupant 188.968 adhérents.

CHAPITRE II

Organisation financière
des sociétés de secours mutuels
qui assurent leurs membres en cas de maladie.

————

§ 1er. — DES TABLES DE MORBIDITÉ ET DE L'ASSURANCE
EN CAS DE MALADIE DE COURTE ET LONGUE DURÉE

Les mutualités doivent s'efforcer d'établir, entre le montant des cotisations payées par leurs adhérents et le taux des secours qu'elles leur accordent, un rapport tel qu'il assure l'équilibre permanent des recettes et des dépenses.

Il faut regretter que, pour calculer ce rapport, les sociétés n'aient point à leur disposition les tables de morbidité prévues par l'article 7 du décret de 1852 et l'article 36 de la loi de 1898. Une commission a bien été nommée, après la promulgation de cette dernière loi, pour assurer la préparation des tables mutualistes de morbidité et, en 1901, des états statistiques spéciaux ont été demandés dans ce but aux associations mutuelles. Mais les renseignements fournis par les sociétés furent si incomplets et si disparates que la commission dut renoncer à en faire état.

Aussi, pendant longtemps, les associations mutualistes se sont-elles contentées de fixer le taux de leurs cotisations d'après une règle empirique, que l'on trouve déjà formulée dans le Rapport de 1856 (1) et qui peut être ainsi énoncée : une société de secours mutuels, qui n'a d'autres ressources que l'apport de ses membres participants et qui leur accorde les soins du médecin, les médicaments et une indemnité quotidienne de maladie,

———

(1) *Rapport sur les opérations des sociétés de secours mutuels*, année 1856, p. 15.

doit : 1° fixer le taux de la cotisation mensuelle à la somme qu'elle accorde comme indemnité journalière de maladie; 2° limiter à six mois la durée du payement de cette indemnité, dont le chiffre doit suivre une progression décroissante.

Cette règle ne saurait continuer à être suivie : le coût des soins médicaux et des dépenses pharmaceutiques s'est considérablement accru depuis qu'elle a été formulée et il existe, d'autre part, à l'heure actuelle, des méthodes plus précises pour fixer le taux de la cotisation mutualiste d'assurance contre la maladie.

On peut utiliser, en premier lieu, les tables de morbidité établies par Hubbard en 1850, en prenant pour base le personnel de 25 sociétés de secours mutuels pendant une période variant de 1830 à 1835 jusqu'en 1849.

Toutefois ces statistiques sont déjà anciennes et ne correspondent plus au taux actuel de la morbidité. Aussi est-il préférable de recourir aux tables de Watson, dressées en Angleterre pour la société « Independant Order of Oldfellows Manchester Unity », d'après la morbidité constatée dans cette association pendant la période 1893-1897. Ces tables ont été publiées en France par M. Bourgeois-Gavardin, dans un mémoire présenté en 1907 au IX° Congrès national de la mutualité française (1).

Un examen même rapide des tables de Watson permet de vérifier ce fait, d'expérience journalière, que le nombre des journées de maladie croît avec l'âge des participants. C'est ainsi qu'un sociétaire âgé de 35 ans est malade en moyenne 5 jours 32 par an (maladies n'excédant pas trois mois), alors qu'un adhérent âgé de 60 ans est malade pendant 10 journées 43, soit environ deux fois plus. Pour établir une complète égalité de traitement entre ses membres, une société de secours mutuels devrait donc exiger de ses adhérents âgés de 60 ans une cotisation double de celle qu'elle demande à ses sociétaires de 35 ans.

Or, les sociétés de secours mutuels françaises ont l'habitude de demander à tous leurs adhérents, quel que soit leur âge d'entrée dans l'association, une cotisation uniforme. Elles sont donc tenues de fixer une limite déterminée en ce qui concerne l'âge d'admission des participants et de calculer leurs charges comme si tous les sociétaires entraient dans le groupement aux environs de cet âge.

D'autre part, l'accroissement des dépenses de maladie résultant de l'âge les oblige à faire payer à chaque sociétaire, durant

---

(1) *Compte rendu général du Congrès*, p. 188 et suiv.

les premières années de son affiliation, une cotisation suffisamment élevée pour qu'elles puissent réaliser des bénéfices destinés à porter ultérieurement la cotisation au chiffre qu'elle devrait avoir au cours des années qui suivent.

L'étude des tables de morbidité de Watson permet de faire une seconde constatation. Si l'on prend, par exemple, un sociétaire âgé de 40 ans, on observe que les maladies durant trois mois au maximum l'atteignent chaque année en moyenne pendant 5 jours 90; que les maladies ayant duré trois mois et ne dépassant pas six mois le frappent pendant 1 jour 09; que les maladies ayant duré six mois, qui disparaissent avant la fin de la première année, le touchent pendant 0 jour 861; enfin que les maladies ayant duré un an, que l'on observe encore pendant une année, l'atteignent pendant 0 jour 67 en moyenne.

Ainsi les tables de Watson établissent que la réalisation du risque de maladie d'une durée inférieure à trois mois est fréquente; par contre, que le risque d'une maladie de longue durée est relativement rare.

Il en résulte que si la maladie de courte durée peut être pratiquement garantie par des groupements peu nombreux, le risque de longue maladie, qui est très onéreux lorsqu'il se réalise, doit être réparti sur un grand nombre d'assurés et ne saurait être efficacement couvert par des organismes groupant moins d'un millier d'adhérents.

§ 2. — Dépenses occasionnées par le service de maladie

1° *Secours médicaux et pharmaceutiques.* — Les frais occasionnés par les soins médicaux varient suivant les arrangements qui ont pu être conclus entre l'association, les médecins et les pharmaciens de la localité. On ne saurait, par conséquent, formuler de règle générale en ce qui concerne l'évaluation de ces dépenses (1).

2° *Indemnités journalières.* — M. Bourgeois-Gavardin a calculé, en utilisant les tables de Watson et la table de mortalité C. R., le tarif, au taux d'intérêt de 4 1/2 %, des cotisations mensuelles constantes correspondant à une allocation journalière de 1 franc pendant le 1er trimestre, le 2e trimestre, le

---

(1) Les frais médicaux étaient, en moyenne, de 2 fr. 66 par membre participant en 1880, de 2 fr. 99 en 1913 ; les dépenses pharmaceutiques s'élevaient en moyenne à 3 fr. 82 par sociétaire en 1880, à 3 fr. 50 en 1913.

2e semestre, la 2e année de maladie, en supposant que l'assurance est viagère (1).

Cotisations mensuelles correspondant à une indemnité journalière en cas de maladie de un franc.

(ASSURANCE VIE ENTIÈRE-COTISATIONS VIAGÈRES)

AGE à l'admission dans la Société	1er TRIMESTRE de MALADIE	2me TRIMESTRE de MALADIE	2me SEMESTRE de MALADIE	2me ANNÉE de MALADIE
16 ans	0,508	0,096	0,083	0,083
20 »	0,508	0,108	0,100	0,104
25 »	0,533	0,125	0,125	0,133
30 »	0,575	0,150	0,158	0,166
35 »	0,629	0,183	0,192	0,208
40 »	0,687	0,225	0,242	0,280
45 »	0,758	0,270	0,300	0,366
50 »	0,841	0,333	0,392	0,492

Des cotisations établies sur les bases du tarif précédent permettent aux sociétés de secours mutuels de se constituer, pendant les premières années de leur fonctionnement, des réserves indispensables si elles veulent éviter d'être contraintes ultérieurement à augmenter les charges des adhérents ou à diminuer les secours qu'elles assurent. En effet, avec le temps, l'âge moyen des sociétaires augmente. La première année de son fonctionnement, une société qui limite à 40 ans l'âge d'admission de ses adhérents ne compte que des membres d'un âge inférieur à 40 ans; la seconde année elle a des sociétaires âgés de moins de 40 ans et des membres de 41 ans; la troisième année des membres de moins de 40 ans et des adhérents de 41 et 42 ans, etc. A ce vieillissement du groupement correspond un accroissement de la morbidité et, par conséquent, des dépenses. Les sociétés sont donc tenues d'épargner, durant leurs premières années d'existence, jusqu'au jour où, ayant atteint le régime constant, elles ne vieilliront plus et pourront établir annuellement l'équilibre entre leurs recettes et leurs dépenses.

Ainsi, l'assurance mutualiste contre la maladie n'est pas, quoi qu'on en dise, une assurance annuelle et les sociétés de

____

(1) Mémoire présenté par M. BOURGEOIS-GAVARDIN au IXe Congrès national des sociétés de secours mutuels, Nice, 1907. *Compte rendu général du Congrès*, p. 193. M. Bourgeois-Gavardin a calculé le même tarif en supposant que l'assurance cesse à 60 ans.

secours mutuels ne sauraient se contenter de répartir intégralement leurs bénéfices, en fin d'année, sous forme soit d'un versement au fonds commun inaliénable de retraite, soit d'une augmentation des avantages accordés aux malades. Seules doivent être versées au fonds commun, ainsi que le faisait déjà observer le Rapport annuel de 1857, la portion de cotisation destinée à la retraite et les recettes extraordinaires provenant des cotisations des membres honoraires, des subventions de l'Etat, des départements, des communes et des dons et legs.

CHAPITRE III

Fonctionnement du service de maladie.

Le service des secours en cas de maladie doit être organisé
de telle sorte qu'il assure aux membres participants un traitement médical approprié à leur état, qu'il évite les abus, écarte
les simulateurs et prévienne autant que possible les affections,
afin de ne pas avoir à les soigner.

§ 1er. — ORGANISATION DES SERVICES MÉDICAUX ET PHARMACEUTIQUES

1° *Service médical.* — La première difficulté que soulève l'organisation du service médical est la suivante : la société doit-
elle imposer à tous ses membres le même praticien ou bien leur
laisser le libre choix parmi les médecins qui ont accepté de soigner ses adhérents à un tarif déterminé ? Le premier système
permet généralement aux groupements mutualistes d'obtenir des
conditions plus favorables; le second sauvegarde davantage les
intérêts des malades, en mettant à leur disposition un médecin
de leur choix, en qui ils ont pleine confiance.

La seconde difficulté est relative au règlement des honoraires.
Deux systèmes sont encore en présence. Le premier, dit de
l'abonnement, consiste à payer le docteur à raison d'une certaine somme calculée par tête de sociétaire, malade ou non. Il
offre, pour les sociétés, de sérieux avantages; il leur permet de
connaître exactement le chiffre des dépenses médicales qu'elles
auront à supporter; il évite tout soupçon de fraude; il incite les
médecins à écarter de l'association les personnes atteintes de
maladies chroniques. Toutefois il est condamné par le corps
médical, qui le trouve peu rémunérateur.

Le payement à la visite consiste à rétribuer les docteurs en
raison du nombre des visites qu'ils ont faites aux sociétaires
malades. Ce système, qui paraît le plus rationnel, a l'inconvénient de ne permettre aucun contrôle efficace pour empêcher
les abus de la part des médecins peu scrupuleux, qui multiplient

les visites, et des sociétaires qui simulent une indisposition pour toucher l'indemnité de maladie. Pour essayer d'éviter ces inconvénients, quelques sociétés mettent à la charge de leurs membres participants une faible part des honoraires médicaux.

Le Congrès de Nice de 1907 avait recommandé aux mutualistes le système du payement à la visite (1). Le Congrès de Montpellier, de 1913, s'est montré moins affirmatif à cet égard, tout en étant favorable au libre choix du médecin (2).

Depuis quelques années des conventions médico-mutualistes sont fréquemment conclues entre sociétés de secours mutuels et syndicats de médecins institués en vertu de la loi du 30 novembre 1892. Dans ce cas, les associations mutuelles ont intérêt à se grouper pour débattre les clauses du contrat et obtenir des conditions plus avantageuses.

Quelques sociétés rurales organisent, à côté du service médical, un service de veillées, chaque sociétaire étant tenu, à tour de rôle, de passer la nuit auprès de ses confrères atteints de maladies nécessitant la présence d'un garde-malade.

2° *Service pharmaceutique*. — Les sociétés de secours mutuels fournissent à leurs adhérents les médicaments nécessaires au traitement des maladies dont ils sont atteints, soit en s'adressant aux pharmaciens de la localité, soit en organisant elles-mêmes des pharmacies spéciales.

Les pharmaciens leur consentent généralement de notables réductions sur le tarif appliqué aux clients ordinaires, en raison, d'une part, des ressources modiques de leurs participants, d'autre part, de l'assurance qu'ils ont d'être régulièrement et

---

(1) *Compte rendu général du Congrès*, p. 766.

(2) Le Congrès de Montpellier a émis les vœux suivants, concernant les principes généraux sur lesquels devaient reposer les accords particuliers entre mutualistes et médecins (*Compte rendu général du Congrès*, p. 585) :

« 1° Rémunération spéciale pour la mutualité, comportant non pas une simple remise, mais la reconnaissance, du fait de la collectivité, de ses droits et des avantages qu'elle apporte par l'afflux d'une clientèle fixe et la sécurité du paiement périodique, mais comportant un tarif proportionnel et minimum débattu dans chaque département entre l'union mutualiste et les représentants du Corps médical organisé ;

« 2° Régime des soins librement débattu entre les deux organisations, le système de l'abonnement et celui de la visite pouvant se concilier parfaitement par la pratique, et n'excluant nullement le libre choix du médecin, dans les limites du contrat accepté de part et d'autre ;

« 3° En vue d'établir progressivement, dans tout le pays, le régime d'entente qui sied à la dignité du Corps médical comme de la mutualité, création dans tous les départements, avec Commission d'appel, de Commissions mixtes chargées d'arbitrer les différends qui se produisent, et d'indiquer ou de rappeler aux intéressés les principes qui précèdent. »

intégralement payés. Assez souvent, les prix qui servent de base
à la convention sont ceux qui figurent au tarif arrêté par le
ministre de l'Hygiène, en exécution de l'article 4, paragraphe 2,
de la loi du 9 avril 1898, pour le remboursement des frais pharmaceutiques en matière d'accidents du travail, dit tarif Dubief.

Pharmacies mutualistes. — Les sociétés de secours mutuels
qui n'obtiendraient point de leur pharmacien des conditions
satisfaisantes, ont la faculté d'organiser soit directement, soit
en s'unissant à d'autres associations mutualistes, une pharmacie spéciale (1).

En principe, pour exercer l'art de la pharmacie il faut être
cumulativement propriétaire de l'officine et pharmacien
diplômé. Cependant, sous le régime du décret de 1852, la Cour
de cassation, par un arrêt du 17 juin 1880 (2), avait admis
qu'une union de sociétés de secours mutuels pouvait posséder
une pharmacie au service des associations adhérentes. Afin
d'éviter toute difficulté sur ce point, le législateur de 1898 a
expressément reconnu le droit pour les associations mutualistes
d'organiser des pharmacies gérées par des pharmaciens diplô-
més (3).

La création d'une pharmacie spéciale entraîne certaines
dépenses de premier établissement : achat de matériel, d'outil-
lage, fonds de roulement. Lorsque la pharmacie est organisée
par une société isolée, les capitaux nécessaires sont prélevés
sur les fonds disponibles de cette association; lorsque l'officine
est établie par une union de sociétés, des apports, généralement
productifs d'intérêts, sont effectués par les sociétés organisa-
trices, le plus souvent au prorata de leurs membres participants.

Les pharmacies mutualistes sont autorisées à délivrer des
remèdes aussi bien aux membres participants de la société ou
des sociétés fondatrices qu'aux familles de ceux-ci; toutefois il
paraît indispensable, dans ce dernier cas, qu'une clause des
statuts de l'association prévoie expressément l'attribution des
secours pharmaceutiques aux familles des sociétaires.

Les médicaments peuvent être fournis par la pharmacie, soit
gratuitement, — c'est-à-dire en échange de la cotisation statutaire, — soit contre argent, à la condition cependant que les

---

(1) Au 1er janvier 1914, il existait 40 pharmacies mutualistes.
(2) Dalloz, 1880, 1, 352.
(3) Art. 8, § 2, de la loi du 1er avril 1898.

opérations de l'officine ne constituent pas des actes de commerce. La Cour de cassation a jugé (1) qu'une pharmacie mutualiste organisée par une société de secours mutuels, qui vend les remèdes à ses adhérents à des prix calculés sur la base du prix de revient et des frais généraux, diminués du montant disponible des cotisations, après dotation du service médical organisé par le groupement, ne contrevient pas aux prescriptions de la loi du 1er avril 1898. De même, le Tribunal correctionnel de Cherbourg (2) et la Cour d'appel de Caen (3) ont admis qu'une pharmacie créée par une société de secours mutuels pouvait délivrer les médicaments aux sociétaires contre payement du prix de revient, majoré d'une part représentative des frais généraux.

§ 2. — CONTROLE DES MALADES

Un des traits essentiels qui caractérisent l'institution mutualiste est le souci de gérer économiquement l'épargne collective de ses membres. Ce souci d'assurer au meilleur compte les services statutaires se manifeste surtout dans l'organisation de l'assurance en cas de maladie où les dangers de fraude sont particulièrement redoutables.

Pour éviter les abus et écarter les simulateurs, les sociétés de secours mutuels prennent la précaution de ne point accorder des indemnités journalières de maladie d'un chiffre supérieur ou même égal au salaire normal des sociétaires. « Si l'on veut éviter que la tentation d'abuser soit trop forte, observe le Rapport de 1856 (4), il faut que la maladie ne soit pas plus lucrative que le travail. »

Traditionnellement aussi, les associations mutualistes qui assurent leurs membres en cas de maladie limitent leur circonscription à la commune ou au canton dans lequel est établi leur siège social. Ainsi les adhérents se connaissent personnellement et peuvent exercer les uns sur les autres cette mutuelle surveillance sans laquelle, au dire de Bastiat, le fonds des secours serait bientôt épuisé (5).

D'autre part, les sociétés de secours mutuels imposent géné-

---

(1) C. de Cass. (Ch. cr.), 10 juillet 1908.
(2) 29 juillet 1907.
(3) 2 avril 1908.
(4) *Rapport sur les opérations des sociétés de secours mutuels*, année 1856, p. 9.
(5) *Harmonies économiques*, p. 460.

ralement à leurs membres, en cas de maladie, le repos à la chambre ; les malades ne peuvent sortir qu'avec une autorisation du médecin et dans des conditions déterminées, sous peine de se voir privés des secours sociaux.

Enfin, le contrôle des malades est effectué à domicile par des visiteurs désignés par l'assemblée générale, qui sont chargés de vérifier si le sociétaire est véritablement atteint d'une affection lui donnant droit aux secours sociaux et s'il se conforme exactement aux prescriptions du médecin.

§ 3. — LA PRÉSERVATION CONTRE LES MALADIES

De tout temps les sociétés de secours mutuels ont exercé une action préventive contre la maladie. Bastiat faisait déjà remarquer que, grâce à la surveillance réciproque qu'implique le secours mutuel, disparaissent peu à peu l'ivrognerie et la débauche : « Quel droit, observait-il, aurait au secours de la caisse commune un homme à qui l'on pourrait prouver qu'il s'est volontairement attiré la maladie et le chômage par sa faute et par suite d'habitudes vicieuses ? (1) »

. Ce n'est cependant que depuis quelques années que la mutualité, éclairée par les leçons de quelques sociologues éminents, parmi lesquels on doit citer MM. Léon Bourgeois, Emile Cheysson, Léopold Mabilleau, Edouard Fuster, a pris nettement conscience du rôle important qu'elle est appelée à jouer en matière de prophylaxie et d'hygiène sociale.

« La maladie, ainsi que l'a exposé avec beaucoup de force M. Cheysson (2), en même temps qu'elle désole la famille, fait brèche à la caisse mutualiste. La famille et la caisse ont donc un intérêt commun et ce serait tout profit pour l'une comme pour l'autre de conserver la santé des membres participants en épargnant les secours de maladie et d'infirmité.

« Le risque n'est pas intangible, fatal..... Dans une mesure de plus en plus étendue le risque dépend de l'homme..... C'est ainsi qu'il a fait reculer la peste, la malaria, la famine, c'est ainsi que de nos jours il entreprend de combattre la tuberculose et bon nombre d'autres fléaux.

« Dans cette lutte contre le risque, l'assurance a fait entrer

---

(1) *Harmonies économiques*, p. 460.
(2) CHEYSSON. *Le rôle de la femme dans la mutualité. Revue de la prévoyance et de la mutualité*, 1906, p. 381.

en ligne un nouveau facteur, d'une grande puissance, l'intervention de l'assureur.

« Les corporations allemandes qui ont la charge de couvrir les risques de maladie, d'accident, d'invalidité ont bien compris tout l'avantage qu'elles auraient à l'atténuation de ces risques et elles ont mis au service de leurs efforts, sous le nom de « placements humains » une partie des énormes capitaux accumulés dans leurs caisses par le jeu même des lois sociales.

« Il est ainsi advenu que l'assurance, dont le but et la raison d'être, dans la pensée de ses promoteurs, était uniquement de réparer les conséquences des sinistres, a eu ce résultat aussi précieux qu'inattendu de s'attaquer à ces sinistres eux-mêmes pour en réduire le nombre et la gravité. Certes il est bon de soigner un homme qui est malade. Mais combien n'est-il pas préférable de lui maintenir la santé ! Quelle économie de souffrances et de frais !

« Ce qu'ont fait les corporations allemandes sous le régime de l'obligation, il appartient à la mutualité française de le faire sous le régime de la liberté. »

Pour remplir le rôle nouveau qui lui est assigné, la mutualité doit faire appel à ses médecins et à ses visiteurs.

Le médecin mutualiste sera « un empêcheur de maladies, plutôt qu'un guérisseur de malades ». Pour faciliter sa tâche, la société pourra organiser des consultations médicales, où les sociétaires seront examinés, à heures fixes, avec le minimum de dérangement.

De leur côté, les visiteurs chargés de contrôler les malades devront s'assurer, afin d'éviter la contagion du milieu familial, que les mesures d'hygiène et de prophylaxie prescrites par le médecin sont rigoureusement observées ; ils dépisteront les prétuberculeux ; ils interviendront, le cas échéant, auprès des autorités administratives pour obtenir la stricte observation des règles édictées pour la protection de la santé publique.

Depuis quelques années, le Parlement, sous l'impulsion de MM. Léon Bourgeois, Ribot, Paul Strauss, André Honnorat, s'est efforcé d'associer la mutualité à la lutte entreprise contre le taudis et la tuberculose.

La loi du 15 avril 1913 autorise les sociétés de secours mutuels à consentir des prêts hypothécaires à leurs adhérents en vue de l'acquisition ou de la construction de maisons salubres et à bon marché.

La loi du 15 avril 1916, due à l'initiative de MM. Léon Bourgeois et Paul Strauss, leur permet soit d'affilier leurs membres, moyennant un tarif réduit, à un dispensaire public d'hygiène sociale et de préservation antituberculeuse (1), soit d'organiser elles-mêmes un dispensaire, qui peut être ouvert au public d'après un tarif de droit commun fixé par arrêté préfectoral.

La loi du 7 septembre 1919 facilite l'admission des mutualistes dans les sanatoria spécialement destinés au traitement de la tuberculose.

Il faut souhaiter que les institutions mutualistes s'engagent résolument dans cette voie de la préservation des maladies évitables, où elles peuvent rendre au pays des services signalés.

---

(1) Circulaire du ministre de l'Intérieur du 31 juillet 1917.

CHAPITRE IV

Soins médicaux assurés aux victimes de la guerre.

En vertu de l'article 64 de la loi du 31 mars 1919 (1), les anciens militaires ou marins titulaires d'une pension temporaire ou définitive d'infirmité ont droit, leur vie durant, aux soins médicaux, chirurgicaux et pharmaceutiques nécessités par la blessure ou la maladie qui a motivé leur réforme. Pour bénéficier de ces secours ils doivent se faire inscrire sur la liste spéciale ouverte à la mairie de leur résidence sous le titre de « Soins médicaux aux victimes de la guerre ».

L'application pure et simple de cette disposition légale aux réformés mutualistes aurait présenté certains inconvénients : on pouvait craindre que les réformés, négligeant de se faire inscrire sur la liste communale, ne missent à la charge de leur société des dépenses qui auraient dû incomber à l'Etat ou bien qu'ayant obtenu leur inscription ils n'en vinssent à abandonner définitivement les groupements dont ils faisaient partie et à cesser tout effort de prévoyance.

Pour permettre aux sociétés de maintenir un contact permanent avec leurs adhérents bénéficiaires de l'article 64 et les indemniser en partie des dépenses occasionnées par la réintégration des démobilisés, la loi du 31 mars 1919 a autorisé les associations mutuelles à faire donner à leurs adhérents, moyennant remboursement par l'Etat, les soins médicaux nécessités par la blessure ou la maladie qui a motivé leur réforme.

Admission des sociétés au service des soins médicaux aux victimes de la guerre. — Toute société de secours mutuels qui pratique l'assurance en cas de maladie peut être admise, par arrêté du ministre de l'Hygiène, de l'Assistance et de la Prévoyance sociales, à assurer à ses adhérents les soins médicaux prévus en faveur des victimes de la guerre (2).

---

(1) La loi du 24 juin 1919 a fait bénéficier des dispositions de l'article 64 de la loi du 31 mars 1919 les victimes civiles de la guerre.

(2) Article 20 du décret du 26 septembre 1919. Cf. circulaire du ministre du Travail du 18 octobre 1919.

Elle doit adresser au préfet une demande à cet effet, accompagnée :

1° D'une copie de la délibération de l'assemblée générale qui a décidé la création du nouveau service et réglé les conditions générales de son fonctionnement ;

2° D'un exemplaire des statuts sociaux.

La demande d'admission ne peut être rejetée par le ministre que sur avis conforme de la section permanente du Conseil supérieur des sociétés de secours mutuels.

Réformés secourus par les sociétés admises. — Pour recevoir d'une mutualité agréée les soins prévus à l'article 64, le réformé doit remplir les trois conditions suivantes :

1° Il doit être membre participant de l'association ;

2° Il doit être bénéficiaire de l'article 64 de la loi du 31 mars 1919.

Sont appelés à bénéficier des dispositions de cet article non seulement les titulaires de pensions définitives ou temporaires d'infirmités ou de gratifications de réforme pour droits ouverts depuis le 2 août 1914, mais encore les anciens militaires ou marins en instance de pension, à la condition qu'ils aient réclamé le bénéfice de l'article 64 avant le 16 mars 1920, s'ils étaient de retour dans leurs foyers le 16 octobre 1919, ou dans les six mois de leur démobilisation, s'ils étaient encore sous les drapeaux à cette date;

3° Il doit avoir demandé à recevoir de la société les soins médicaux auquel il peut prétendre en vertu de l'article 64.

Sa demande est adressée au président ; elle est accompagnée de la copie certifiée conforme de la notification de pension, qui lui a été délivrée par l'autorité militaire et qui contient la description de la blessure ou de la maladie qui a motivé sa réforme. (1).

Soins assurés. — Les seules affections pour lesquelles les bénéficiaires de la loi du 31 mars 1919 ont droit aux secours de l'Etat, sont celles qui proviennent de la maladie ou de la blessure qui a motivé leur réforme.

Pour les affections de cette catégorie, les intéressés reçoivent, sans limitation de durée, les soins médicaux et chirurgicaux

---

(1) Pour les anciens militaires ou marins en instance de pension ou dont la pension ou la gratification de réforme a été attribuée conformément à la législation antérieure à la loi du 31 mars 1919, la copie de la notification de pension est remplacée par les pièces visées aux paragraphes 2 et 4 de l'article 6 du décret du 26 septembre 1919.

ainsi que les médicaments. Ils ont le libre choix du médecin et du pharmacien.

S'ils ne peuvent être utilement soignés à domicile, ils sont admis dans les salles militaires ou dans les salles civiles de l'hôpital de leur ressort.

Fonctionnement du service. — Le président doit transmettre au préfet les noms des adhérents appelés à recevoir de la société les soins prévus à l'article 64 en y joignant les pièces justificatives fournies par les intéressés.

Lorsque le médecin traitant estime que l'affection dont est atteint un sociétaire provient de la maladie ou de la blessure qui a motivé sa réforme, il en fait immédiatement la déclaration par écrit au président de la société, dans les formes prévues à l'article 13, paragraphe 2, du décret du 26 septembre 1919. Cette déclaration est transmise sans délai au préfet.

Si le malade ne peut être utilement soigné à domicile, le certificat médical indique les raisons qui nécessitent son transfert à l'hôpital. Dès réception de ce certificat, le préfet fait connaître au président si les frais d'hospitalisation seront payés par l'Etat.

Remboursement des dépenses. — Les sociétés agréées ont droit au remboursement des dépenses médicales, chirurgicales et pharmaceutiques provenant des soins assurés en exécution de l'article 64, ainsi que des frais de transport et de séjour à l'hôpital.

Elles reçoivent, en outre, à titre d'indemnité de gestion, une allocation forfaitaire calculée sur la base de 6 % des dépenses à la charge de l'Etat.

Toutefois les frais ci-dessus ne leur sont remboursés que dans la limite des tarifs établis en conformité du paragraphe 5 de l'article 64 et les frais d'hospitalisation ne peuvent excéder le tarif adopté dans l'hôpital mixte du chef-lieu d'arrondissement le plus voisin.

Pour obtenir le remboursement de ces dépenses ainsi que le payement de l'indemnité de gestion, les sociétés doivent produire, en double exemplaire, dans le mois qui suit la guérison de l'adhérent ou, si la maladie excède trois mois, dans le mois qui suit l'expiration du trimestre au cours duquel les dépenses ont été effectuées, un état conforme au modèle établi par l'Administration.

Contrôle administratif. — Les associations admises à assurer le service des soins médicaux aux victimes de la guerre doivent tenir une comptabilité spéciale des dépenses et des recettes afférentes à ce service; toutefois l'indemnité de gestion de 6 % est versée aux recettes générales de la société.

Le préfet vérifie si les adhérents dont les noms lui ont été communiqués par le président peuvent prétendre aux soins médicaux prévus par l'article 64 ; il peut, en outre, sur le vu de la déclaration de maladie qui lui est adressée par la société, déléguer un médecin pour s'assurer que l'adhérent est bien atteint d'une affection se rattachant à la maladie ou à la blessure qui a motivé sa réforme. S'il est d'avis que l'article 64 n'est pas applicable il saisit le tribunal départemental des pensions qui statue.

Dans le cas où le contrôle administratif ferait apparaître des irrégularités ou des fraudes dans le fonctionnement du service, le ministre pourrait prononcer, sur avis conforme de la section permanente du Conseil supérieur des sociétés de secours mutuels, le retrait de la décision qui a autorisé la société à assurer les soins médicaux aux victimes de la guerre.

DEUXIÈME PARTIE

L'ASSURANCE EN CAS D'INVALIDITÉ

CHAPITRE UNIQUE

Définition de l'invalidité
L'assurance en cas d'invalidité dans la mutualité.

On peut définir l'invalidité, l'état du travailleur dont la capacité de travail se trouve réduite, d'une manière importante, pour une longue durée. N'est pas considéré, en effet, comme invalide l'ouvrier qu'une courte maladie réduit au chômage, ni celui qui n'a perdu qu'une partie de ses forces et est en mesure de se livrer à des travaux analogues à ceux qu'il exécutait précédemment.

Mais si l'invalidité implique à la fois la durée et une réduction importante de la capacité de travail, elle n'exige ni la permanence ni la suppression de la totalité des forces productives du travailleur ; elle peut être permanente ou temporaire, totale ou partielle.

Ainsi l'invalidité présente de nombreux degrés et toutes les définitions que l'on peut en donner comportent nécessairement une certaine part d'arbitraire.

Si, pour préciser la notion d'invalidité, on s'efforce d'en rechercher les causes, on constate, exception faite de l'invalidité qui résulte d'un accident, que, dans la plupart des cas, l'on se trouve en présence de situations qui sont les conséquences de maladies, qui ne sont même, peut-on dire, que des états maladifs devenus chroniques. Les statistiques de la Caisse d'assurance de Leipzig, par exemple, montrent que les causes principales d'invalidité sont les maladies des bronches et des poumons (35 %), les maladies nerveuses (17 %), les maladies des os et des articulations (12 %). L'artério-sclérose et la faiblesse sénile, c'est-à-dire les infirmités causées par l'âge, ne viennent qu'en dernier lieu et ne représentent que 9,8 et 5,4 % des cas totaux d'invalidité (1).

L'invalidité apparaît donc comme étant avant tout un état pathologique, susceptible de soins qui peuvent sinon la faire disparaître, du moins l'atténuer.

Il en résulte que l'assurance contre l'invalidité ne saurait avoir pour fonction exclusive de garantir au travailleur des indemnités ou des rentes. Ainsi que l'a établi M. Füster, dans un remarquable rapport présenté au Congrès national de la Mutualité française tenu à Nice en 1907, son action doit être avant tout préventive ; l'hygiène et le traitement doivent faire partie de ses attributions (2).

Si l'invalidité échappe à toute définition précise, si elle est, le plus souvent, partielle et temporaire, si elle est susceptible d'être supprimée ou atténuée par des soins appropriés, il semble bien que la mutualité soit particulièrement qualifiée pour garantir le travailleur contre ce risque (3).

On constate cependant que, à l'heure actuelle, peu nombreuses sont les sociétés de secours mutuels qui pratiquent l'assurance contre l'invalidité.

Les raisons de cette abstention sont d'ordre divers. On peut signaler, en particulier, les difficultés techniques de cette assurance : le risque d'invalidité est rare et l'on n'en possède en France aucune statistique satisfaisante; lorsqu'il se réalise, il exige des soins coûteux et entraîne, pour l'assureur, le payement d'indemnités élevées.

Pendant longtemps d'ailleurs la mutualité paraît n'avoir vu dans l'invalidité qu'une vieillesse prématurée, que l'on pouvait garantir par une liquidation anticipée de la retraite d'âge.

Mais cette pratique, qui est généralement suivie par les sociétés qui constituent des pensions de retraite à leurs adhérents, ne saurait être considérée comme réalisant un véritable système d'assurance en cas d'invalidité. Elle aboutit, en effet, — si l'on suppose deux ouvriers, entrés dans l'assurance au même âge

---

(1) Rapport de M. Fuster sur l'assurance contre l'invalidité au Congrès de Nice de 1907. *Compte rendu général des travaux du Congrès*, p. 749.

(2) *Compte rendu général du Congrès de Nice*, p. 137 et suiv.

(3) Cf. M. Bellom. *L'assurance contre l'invalidité par les sociétés de secours mutuels*.

M. Charles Gide estime que l'on a tort de définir l'invalidité une « vieillesse prématurée ». Il est de ceux qui pensent qu'il faut l'assimiler « plutôt à une maladie incurable et pourtant non mortelle, ce qui, au point de vue économique, est le pire ». *Les institutions du progrès social*, 1912, p. 370.

et payant les mêmes cotisations, qui deviennent invalides l'un à 30 ans, l'autre à 45 ans, — à accorder la rente la plus forte à celui qui a cotisé jusqu'à 45 ans, alors cependant que ces deux ouvriers ont touché les mêmes salaires, ont vécu du même genre de vie pendant leur période d'activité et ont, par conséquent, les mêmes besoins. Les travailleurs ne peuvent se considérer comme véritablement prémunis contre le risque spécial d'invalidité que si l'organisme d'assurance leur garantit, outre les soins que réclame leur état, une allocation journalière d'un taux fixe qui ne varie ni avec l'âge auquel survient l'invalidité, ni avec la durée des versements effectués (1).

C'est ce système d'assurance qu'ont adopté quelques Sociétés de secours mutuels et un certain nombre de Caisses de réassurance en cas de maladie prolongée, qui servent à leurs participants des rentes d'invalidité (2). Elles considèrent comme invalides tantôt les assurés dont la maladie dépasse une certaine durée, tantôt ceux dont l'affection est reconnue incurable par les médecins.

Les organismes mutualistes qui assurent le risque d'invalidité éprouvent généralement de sérieuses difficultés à équilibrer leur budget. Aussi quelques-uns d'entre eux, au lieu de fixer statutairement le taux des pensions d'invalides, se bornent-ils à répartir leurs recettes, en fin d'exercice, au prorata des journées de maladie ou d'invalidité.

En général, les sociétés de secours mutuels n'assurent que l'invalidité totale ; les sociétaires qui travaillent, quelle que soit la diminution de leur salaire, ne peuvent prétendre aux secours sociaux.

Il existe cependant des groupements mutualistes qui accordent à leurs adhérents des rentes d'invalidité en cas de réduction permanente d'une partie seulement de leur capacité de travail.

---

(1) « L'assurance sociale contre l'invalidité est celle dont la nécessité apparaît le plus clairement, car, d'une part, on ne peut pas faire grief à l'individu de n'avoir pas pris ses précautions contre une fatalité si imprévue et, d'autre part, le voulut-il même, que ce serait souvent impossible, s'il est frappé à peine entré dans la carrière ». Charles GIDE. *Op. cit.*, p. 370.

(2) *Le Rapport sur les opérations des sociétés de secours mutuels pendant l'année 1913* indique que dix-sept caisses de réassurance accordaient des secours pécuniaires de maladie jusqu'à complète guérison de l'assuré ou jusqu'à son décès.

TROISIÈME PARTIE

L'ASSURANCE EN CAS DE VIEILLESSE

CHAPITRE PREMIER

Pensions et allocations de retraites et d'invalidité servies par les sociétés de secours mutuels.

La loi du 1ᵉʳ avril 1898 permet aux sociétés de secours mutuels de servir à leurs membres :

1° Des retraites garanties, c'est-à-dire des pensions viagères dont le taux ainsi que l'âge d'entrée en jouissance sont fixés par les statuts;

2° Des retraites non garanties, c'est-à-dire des pensions viagères dont les titulaires sont désignés en assemblée générale parmi les sociétaires réunissant certaines conditions d'âge et de sociétariat déterminées par les statuts; la même délibération qui désigne les pensionnaires fixe la quotité de leur retraite.

Pensions garanties et pensions non garanties sont viagères, c'est-à-dire irréductibles une fois constituées; leur taux peut être élevé, mais ne saurait être abaissé (1).

3° Des allocations de retraite, non pas viagères mais annuelles, dont les titulaires et la quotité sont déterminés chaque année par l'assemblée générale;

4° Des secours d'invalidité, également fixés par l'assemblée générale, qui sont attribués aux membres participants devenus infirmes ou incurables avant l'âge prévu par les statuts pour être admissibles à la pension viagère de retraite.

Allocations de retraite et d'invalidité sont « non pas viagères, mais annuelles »; leur montant est déterminé chaque année par l'assemblée générale, qui peut, par conséquent, les réduire ou même les supprimer.

---

(1) Circulaire du ministre du Travail du 14 juin 1912, p. 2.

Ainsi, tandis que, d'une façon générale, la loi du 1ᵉʳ avril 1898 oblige les sociétés de secours mutuels à fixer exactement les avantages qu'elles assurent à leurs adhérents, elle leur permet de promettre des pensions de vieillesse aléatoires, dont l'attribution est subordonnée à la décision de l'assemblée générale et qui, par suite, ne peuvent être revendiquées en justice par les intéressés.

L'explication de cette anomalie doit être cherchée dans les difficultés techniques qu'offre l'opération de constitution d'une pension viagère de retraite.

On a déjà indiqué qu'un certain nombre de sociétés de secours mutuels fondées avant 1850 s'étaient trouvées hors d'état de payer aux infirmes et aux vieillards les pensions de retraite qu'elles s'étaient engagées à servir et que la loi de 1850, pour échapper à ce danger, avait cru devoir interdire aux associations mutualistes de constituer des retraites.

Mais il apparut bien vite qu'en interdisant les retraites, on supprimait le principal attrait, aux yeux des travailleurs, des sociétés de secours mutuels. Etait-il d'ailleurs toujours possible de distinguer l'invalidité provenant de la maladie de l'invalidité causée par l'âge et n'était-il pas préférable, dans l'intérêt même de la caisse sociale, de remplacer, pour les vieux sociétaires, à l'âge où les journées de maladie se multiplient, l'indemnité quotidienne par une pension annuelle de retraite?

Ces diverses considérations amenèrent le législateur à lever, en 1852, l'interdiction qu'il avait prononcée en 1850.

Mais, pour éviter les difficultés antérieures, le Gouvernement autorisa seulement les groupements mutualistes à servir à leurs membres des pensions de retraites non garanties. Les titulaires des pensions instituées par le décret du 26 avril 1856 devaient être désignés en assemblée générale et la même délibération fixait la quotité de leur pension; ainsi les associations mutualistes, ne prenant en cette matière aucun engagement précis, ne couraient plus le risque de faillir à leurs promesses (1).

On doit signaler ici, pour caractériser le système de retraite institué par les décrets de 1852-56, que, dans l'esprit des rédacteurs de ces décrets, le secours de vieillesse n'était qu'un com-

---

(1) « Les pensions éventuelles sont des rentes dont le montant et l'attribution dépendent des ressources disponibles et du nombre des candidats. Elles sont un simple secours ou une libéralité accordée aux membres les plus âgés, tandis que la jouissance des retraites garanties constitue un droit pour les membres participants. » Rapport Lourties. *Journal officiel. Sénat. Documents parlementaires*, 1897, p. 818.

plément et un accessoire du but principal des associations
mutuelles, qui était l'assurance contre la maladie. Les cotisations des participants devaient suffire aux dépenses de maladie;
les versements des membres honoraires et les subventions de
l'Etat étaient affectés au service de la retraite; ainsi les pensions provenant d'une autre source que la contribution personnelle des bénéficiaires, leur attribution offrait, dans une
certaine mesure, le caractère d'un acte d'assistance, que l'assemblée générale demeurait entièrement libre d'accomplir ou
de différer.

La loi du 1er avril 1898 a autorisé les sociétés de secours
mutuels de toutes catégories à servir à leurs adhérents des
pensions de retraite garanties. Elle leur a permis, à la condition d'indiquer dans leurs statuts la portion spéciale de cotisation affectée à ce service, de promettre des pensions dont le
taux et l'âge d'entrée en jouissance sont fixés à l'avance. Mais
elle a conservé, en même temps, le système traditionnel des
secours de vieillesse, conditionnels et aléatoires, subordonnés à
un vote de l'assemblée générale (1).

---

(1) Au 1er janvier 1914, 11.235 sociétés, représentant les 53 % des groupements mutualistes, se proposaient de constituer à leurs membres des
pensions de retraite.
La moyenne des pensions sur fonds commun servies au 31 décembre
1913 par les Sociétés approuvées était de 75 fr. 47; la moyenne des allocations annuelles payées par les mêmes sociétés à l'aide de leurs fonds
libres s'élevait à 108 fr. 49.

CHAPITRE II

Modes de constitution des pensions
de retraite et des allocations de vieillesse et d'invalidité
dans les sociétés de secours mutuels.

Les associations mutualistes peuvent utiliser, pour la constitution des secours en cas de vieillesse, des modalités qui varient suivant que le groupement appartient à la catégorie des sociétés approuvées ou à celle des sociétés libres et qu'il se propose de servir des pensions viagères de retraite, des allocations annuelles, des pensions ou des secours d'invalidité.

I. — Sociétés approuvées ou déclarées d'utilité publique.

PREMIÈRE SECTION

Pensions viagères de retraite.

Les sociétés approuvées ou déclarées d'utilité publique sont tenues d'adopter, pour l'organisation de leur service de pensions viagères de retraite, l'un des quatre systèmes techniques d'assurance suivants : 1° système du fonds commun inaliénable ; 2° système du livret individuel de la Caisse nationale des retraites pour la vieillesse ; 3° système du livret individuel d'une caisse autonome ; 4° système de retraites de la loi du 5 avril 1910. Toutefois, ce dernier système n'est applicable qu'aux assurés obligatoires ou facultatifs de la loi sur les retraites ouvrières et paysannes.

§ 1ᵉʳ. — FONDS COMMUN INALIÉNABLE DE RETRAITE

Le fonds de retraite institué par le décret du 26 avril 1856. — Le décret du 26 avril 1856 donnait aux sociétés de secours mutuels approuvées la faculté de créer un fonds de retraite spécial placé à la Caisse des dépôts et consignations.

Ce fonds, formé à l'aide des réserves sociales, des subventions versées par l'Etat et des intérêts des sommes ainsi placées, était destiné à servir des retraites aux vieillards qui réalisaient les conditions prescrites par les statuts pour l'entrée en jouissance des pensions et comptaient au minimum 50 ans d'âge et dix années de sociétariat.

L'assemblée générale fixait la quotité des pensions et désignait les bénéficiaires.

Le service des retraites était fait par la Caisse nationale des retraites pour la vieillesse. Les fonds destinés à la constitution des pensions pouvaient être versés, à la Caisse nationale, à capital réservé ou à capital aliéné s'ils provenaient des ressources sociales; ils devaient être nécessairement versés à capital réservé s'ils provenaient des subventions de l'Etat.

Ainsi, sous le régime du décret de 1856, le fonds de retraite des sociétés de secours mutuels approuvées était, pour partie, aliénable.

Le fonds commun inaliénable de retraite. — L'article 21 de la loi du 1ᵉʳ avril 1898 dispose : « Les sociétés de secours mutuels approuvées sont admises à verser des capitaux à la Caisse des dépôts et consignations..... en un compte affecté pour toute la durée de la société à la formation et à l'accroissement d'un fonds commun inaliénable. » Ainsi le fonds de retraite de 1856 est devenu, sous le régime actuel, le fonds commun inaliénable des sociétés de secours mutuels approuvées.

De ce que le fonds inaliénable de retraite est dit « commun » on ne saurait conclure qu'il appartient indivisément à toutes les associations approuvées. Chaque organisme possède un compte spécial à la Caisse des dépôts et consignations et, en cas de dissolution de la société, la partie du fonds commun qui provient de la contribution personnelle des participants est partagée entre ces derniers jusqu'à concurrence du montant des cotisations qu'ils ont versées.

Le fonds de retraite est commun en ce sens qu'il appartient collectivement à tous les membres qui, dans le présent et l'avenir font ou feront partie du groupement; il est l'acquis que la société, être perpétuel, transmet nécessairement de génération en génération.

Le fonds commun est inaliénable, c'est-à-dire que le capital ne peut en être consommé : les promotions successives qui entreront dans l'association n'auront sur lui qu'un droit d'usufruit; seuls les intérêts pourront en être utilisés pour servir des pensions ou des allocations de vieillesse ou pour effectuer des versements sur les livrets individuels de retraite des membres participants (1).

Cette inaliénabilité s'étend même aux intérêts du fonds commun, qui sont capitalisés chaque année, lorsqu'ils n'ont pas reçu d'emploi au cours de l'année précédente, et deviennent inaliénables (2).

Enfin, elle frappe même le fonds de retraite créé sous le régime du décret de 1856, que le paragraphe 2 de l'article 21 de la loi du 1er avril 1898 a déclaré inaliénable (3).

Ainsi le fonds commun inaliénable est plus qu'un fonds à capital réservé, puisque les intérêts du fonds commun non employés deviennent inaliénables, alors que, dans le système des retraites à capital réservé, les intérêts des versements sont consommés pour le service des pensions.

Constitution du fonds commun. — L'article 21 de la loi de 1898 indique que les statuts de chaque association déterminent si l'association entend constituer un fonds commun et dans quelles conditions; ils règlent les moyens de l'alimenter et décident notamment si la société devra verser à ce fonds, en totalité ou en partie, les subventions de l'État, les dons et legs, les cotisations des membres honoraires et les autres ressources disponibles.

En pratique, l'assemblée générale des sociétaires fixe annuellement le montant du versement que l'association désire effectuer à son fonds commun inaliénable; l'opération n'est réalisée qu'après une autorisation administrative donnée, dans les départements, par le préfet, à Paris, par le ministre de l'Hygiène sociale.

Placement du fonds commun. — Le fonds commun inaliénable constitué postérieurement à la loi du 1er avril 1898 doit être versé à la Caisse des dépôts et consignations (4).

---

(1) Pour être autorisées à verser les intérêts de leur compte fonds commun inaliénable, échus au cours de l'année précédente, sur les livrets individuels de retraite de leurs adhérents, les sociétés de secours mutuels doivent adresser une demande à cet effet au ministre de l'Hygiène accompagnée d'un état indiquant : 1° le nombre des sociétaires au profit desquels le versement doit être effectué ; 2° le montant de ce versement ; 3° le montant du prélèvement à effectuer sur les intérêts du fonds commun.

(2) Conseil d'Etat, cont., 13 janvier 1901 (Société municipale de secours mutuels du XIXe arrondissement, à Paris).

(3) Voir dans le rapport de M. AUDIFFRED les raisons de cette disposition légale (*Journal officiel.* Chambre des députés. Documents parlementaires, 1895, p. 168).

(4) La Caisse des dépôts et consignations adresse à chaque société, au commencement de l'année, la situation de son compte fonds de retraites, établie au 31 décembre de l'année précédente.

Le fonds commun existant au jour de la promulgation de cette loi peut être placé soit à la Caisse des dépôts et consignations, soit en valeurs ou immeubles, dans les conditions prévues aux articles 17 et 20 de la loi.

Pour acquérir, à l'aide de leur fonds commun antérieur au 1er avril 1898, les valeurs mobilières énumérées à l'article 20 ou des immeubles, les sociétés de secours mutuels doivent obtenir au préalable l'autorisation ministérielle. Les titres ainsi acquis sont nominatifs et revêtus d'une mention destinée à assurer leur inaliénabilité.

Liquidation des pensions. — Les sociétés désignent en assemblée générale les titulaires des pensions de retraite parmi les membres participants qui remplissent les diverses conditions fixées par les statuts. Ces conditions peuvent être d'ordre divers : le Conseil d'État a admis qu'une société de secours mutuels pouvait subordonner l'octroi de ses pensions à un certain nombre d'années de service accomplies dans une compagnie de sapeurs-pompiers (1).

En vertu de l'article 23, paragraphe 2, de la loi du 1er avril 1898, les membres participants bénéficiaires des pensions de retraite « doivent être âgés d'au moins cinquante ans et avoir acquitté la cotisation sociale pendant quinze ans au moins » (2). L'Administration estime, conformément au vœu émis par le Conseil supérieur des sociétés de secours mutuels dans sa séance du 19 mai 1903 (3), que cette disposition légale doit être interprétée en ce sens « qu'il suffit de quinze ans de cotisations dans une ou plusieurs sociétés, approuvées ou libres, d'une façon ininterrompue ou non », à la condition, toutefois, que ces sociétés assurent à leurs membres des pensions de retraite.

L'assemblée générale, qui désigne les pensionnaires, fixe en même temps la quotité des pensions.

Il est essentiel que les sociétés de secours mutuels adoptent, pour le taux de leurs pensions, un chiffre tel qu'il permette de faire bénéficier d'une retraite identique tous les membres participants qui réunissent les conditions d'âge et de sociétariat requises par les statuts; ainsi elles se conformeront aux pres-

----

(1) Conseil d'Etat, cont., 17 janvier 1913 (Société de secours mutuels des sapeurs-pompiers de Cahors).

(2) Ce texte ne permet de constituer des pensions reversibles sur la tête des veuves que si ces dernières : 1° possèdent la qualité de membre participant ; 2° ont acquitté pendant quinze ans au moins la cotisation sociale; 3° sont âgées de 50 ans au moins.

(3) *Procès-verbaux du Conseil supérieur*, session de mai 1903, p. 56.

criptions de la législation mutualiste qui les oblige à assurer à tous leurs adhérents le même traitement.

On doit reconnaître cependant qu'il n'existe aucun mode rationnel de calcul des pensions constituées à l'aide du fonds commun inaliénable.

Certes, il est possible d'évaluer, en tenant compte à la fois de la capitalisation des intérêts et des chances de mortalité, le montant de la rente viagère produite par les apports personnels d'un sociétaire au fonds commun (1). Mais il est bien évident que pour une société comptant un certain nombre d'années de fonctionnement, le fonds de retraite se compose à la fois des versements opérés par les participants de la génération actuelle et des fonds qui ont été reversés à la masse à la suite du décès des pensionnaires antérieurs. On ne peut fixer à l'avance la portion de retraite, provenant des capitaux accumulés par les générations antérieures, à laquelle aura droit un sociétaire déterminé, car il s'agit, en l'espèce, d'un véritable partage des intérêts d'un capital antérieurement constitué ; la part de chacun dépend évidemment de deux éléments imprévisibles (2), à savoir les fluctuations du recrutement de l'association et l'âge des membres composant chaque promotion.

Ainsi que l'indiquait M. René Poussin dans une étude publiée en 1909 par la Revue de la prévoyance et de la mutualité, « le fonds commun inaliénable laisse sans règle les administrateurs qui ont la lourde charge de proposer tel chiffre de pension » (3).

Aussi les associations mutualistes doivent-elles éviter avec le plus grand soin de fixer la retraite, dans les premières années de leur fonctionnement, à un chiffre trop élevé ; les pensions, on l'a déjà indiqué, sont irréductibles ; dès lors, en cas d'insuffisance des intérêts du fonds commun, il ne reste d'autre alternative au mutualiste qui a atteint l'âge de la retraite que d'attendre le décès d'un pensionnaire pour que devienne disponible la pension qui lui est due ; situation injuste et immorale puisqu'elle tend à inciter les sociétaires à souhaiter la mort de leurs camarades pensionnés.

Service des pensions. — Aux termes de l'article 23 de la loi du 1er avril 1898, les pensions de retraites alimentées par le fonds

---

(1) Bourgeois-Gavardin. *Le calcul des pensions et des allocations servies sur le fonds commun inaliénable.*
(2) *Guide technique des sociétés de secours mutuels dans toutes leurs opérations d'assurance*, p. 29.
(3) René Poussin. *Quelques vérités sur le fonds commun inaliénable. Revue de la Prévoyance et de la Mutualité*, 1909, p. 351 et 437.

commun « sont servies directement par la société, à l'aide des intérêts de ce fonds, ou par l'intermédiaire de la Caisse nationale des retraites ».

Lorsque les pensions sont servies directement par les sociétés, celles-ci prélèvent sur les intérêts de leur fonds commun les sommes nécessaires au paiement des arrérages et le trésorier de l'association verse directement aux titulaires les arrérages de leur retraite (1).

Les pensions payées par l'intermédiaire de la Caisse nationale des retraites pour la vieillesse donnent lieu à l'établissement, au nom et au profit de l'intéressé, d'un titre de rente viagère de la Caisse nationale ; à cet effet, il est prélevé sur le fonds commun et versé à la Caisse nationale, à capital réservé, la somme nécessaire pour la constitution de la pension. A la mort du titulaire de la pension, le capital constitutif est réintégré au fonds commun de la société, au vu de l'acte de décès transmis par le président de l'association au directeur général de la Caisse des dépôts et consignations.

Quel que soit le système employé, le taux de capitalisation des sommes affectées à la constitution des pensions des sociétés approuvées est de 4. 50 %. Ce taux d'intérêt est servi par la Caisse des dépôts et consignations aux fonds déposés par les associations approuvées.

Si la société emploie, pour le service de ses pensions, l'intermédiaire de la Caisse nationale des retraites pour la vieillesse et si cet établissement capitalise à un taux inférieur à 4. 50 %, la différence entre le taux servi par la Caisse nationale et celui de 4. 50 % est comblée à l'aide d'une bonification versée par l'État.

Les sociétés ont donc le choix, pour le service de leurs pensions, entre deux systèmes qui, au point de vue financier, donnent des résultats identiques. Le premier maintient un contact étroit entre la société et les retraités; le second, une fois la pension liquidée, décharge les administrateurs mutualistes de tout souci. Mais il ne permet pas à l'association de connaître, sitôt qu'il se produit, le décès de son pensionnaire et, par suite, d'obtenir sans retard la réintégration au fonds commun du capital constitutif de la pension (2).

---

(1) « Les pensions allouées sur le fonds commun ne peuvent être servies aux étrangers que dans le cas où ils résident en territoire français ». article 26, paragraphe dernier, de la loi du 1er avril 1898.

(2) On pourra consulter, sur toutes ces questions, l'excellent ouvrage de M. ASSANIS, *La Mutualité pratique.*

Contrôle administratif des pensions constituées à l'aide du fonds commun. — Les demandes de constitution de pensions doivent être adressées à l'Administration, qui les approuve s'il y a lieu.

A cet effet, les groupements sont tenus de faire parvenir au ministre de l'Hygiène sociale, pour les sociétés de Paris et du département de la Seine, au préfet, pour les sociétés des autres départements (1) :

1° Une demande tendant, suivant le cas, à la constitution des pensions par l'intermédiaire de la Caisse nationale des retraites ou au prélèvement, sur les intérêts du fonds commun inaliénable, de la somme nécessaire au payement des arrérages des pensions (2) ;

2° L'acte ou le bulletin de naissance des intéressés (3) ;

3° Un extrait du procès-verbal de l'assemblée générale qui a alloué la pension.

Le contrôle administratif, en matière de pensions de retraite, est purement juridique et formel ; l'Administration se borne à vérifier si les pensionnaires réunissent bien les conditions d'âge et de sociétariat requises par les statuts et si les intérêts du fonds commun sont suffisants pour permettre le service des pensions (4).

Lorsque la régularité de la liquidation a été constatée, le ministre donne l'ordre à la Caisse des dépôts et consignations soit de constituer à la Caisse nationale des retraites pour la vieillesse, à l'aide d'un capital prélevé sur le fonds commun, une pension viagère à jouissance immédiate au nom du bénéfi-

---

1) Les dates d'entrée en jouissance des pensions de la Caisse nationale des retraites étant fixées au 1er janvier, 1er avril, 1er juillet, 1er octobre de chaque année, les demandes de liquidation de pensions servies par cet établissement doivent parvenir au ministre de l'Hygiène avant le 25 décembre, 25 mars, 25 juin et 25 septembre.

(2) Cette demande doit être établie conformément au modèle A, s'il s'agit d'une pension servie par la Caisse nationale, ou au modèle B, s'il s'agit d'une pension servie sur les intérêts du fonds commun. Circulaire du ministre du Travail du 14 juin 1912.

(3) Il peut être suppléé au bulletin de naissance par un acte de notoriété (art. 71 du Code civil).

A défaut de bulletin de naissance ou d'acte de notoriété, l'Administration accepte les bulletins de mariage.

Dans le cas de constitution d'un complément de pension, il n'est pas nécessaire de produire un bulletin de naissance ; il suffit d'indiquer le numéro du titre de rente dont l'intéressé est déjà titulaire.

(4) Cf. Rapport présenté par M. HÉBRARD DE VILLENEUVE au Conseil supérieur des sociétés de secours mutuels sur la proposition de M. le directeur de la mutualité tendant à établir un contrôle financier sur les sociétés de secours mutuels qui servent à leurs membres des pensions de retraite. (*Procès-verbaux du Conseil supérieur des sociétés de secours mutuels.* Session de novembre 1907, pp. 19 et suiv.)

ciaire désigné par la société, soit de mettre à la disposition du trésorier de l'association les intérêts du fonds commun nécessaires pour le payement des arrérages de cette pension.

On doit signaler que, pour les pensions servies directement par les sociétés à l'aide des intérêts de leur fonds commun, les demandes d'autorisation de prélèvement doivent être adressées chaque année au ministère de l'Hygiène, même pour les retraites antérieurement liquidées. Mais il suffit, dans ce cas, de produire, à l'appui des demandes de prélèvement, le tableau des pensions en cours sans y joindre le procès-verbal de l'assemblée générale ni le bulletin de naissance des intéressés.

Enfin on notera que, en raison de la capitalisation annuelle des intérêts du fonds commun, les sommes nécessaires au payement des pensions ne peuvent être prélevées que sur les intérêts du fonds commun inaliénable échus au 31 décembre de l'année précédente.

§ 2. — Livret individuel de la Caisse nationale des retraites
pour la vieillesse

L'article 24 de la loi du 1ᵉʳ avril 1898 autorise les sociétés de secours mutuels approuvées à constituer à leurs adhérents des pensions de retraite sur livret individuel de la Caisse nationale des retraites pour la vieillesse.

La Caisse nationale des retraites pour la vieillesse. — La Caisse nationale des retraites, créée par la loi du 18 juin 1850, est gérée par la Caisse des dépôts et consignations, sous la garantie de l'État et le contrôle d'une commission supérieure instituée auprès du ministre de l'Hygiène, de l'Assistance et de la Prévoyance sociales (1).

Elle a pour objet d'assurer, à l'âge de 50 ans ou à un âge plus avancé, des rentes viagères, de 2 francs au moins et de 6.000 fr. au plus, à toute personne pour le compte de laquelle des versements ont été effectués.

Elle ne recherche aucun bénéfice. Les rentes qu'elle délivre représentent intégralement ce que les fonds déposés ont produit, par le jeu des intérêts composés combiné avec les chances de mortalité (2).

Chaque année, au mois de décembre, un décret, rendu sur la

---

(1) Articles 1ᵉʳ et 3 de la loi du 20 juillet 1886.
(2) Art. 9 de la même loi.

proposition du ministre des Finances après avis de la commission supérieure, fixe le taux de l'intérêt qui doit être appliqué aux versements de l'année suivante, en tenant compte du taux moyen des placements de fonds en rentes sur l'État effectués par la Caisse pendant l'année (1).

Règles applicables aux versements sur livrets individuels de la Caisse nationale des retraites.

a) *Règles communes à tous les versements.* — Les versements sont effectués sans condition d'âge (2).

Le minimum de chaque versement est de un franc, sans fraction de franc. Les versements sont reçus jusqu'à concurrence de la somme nécessaire pour assurer aux déposants 6.000 francs de rente.

Les versements peuvent être faits à capital aliéné, — lorsque les capitaux demeurent définitivement acquis à la Caisse, en échange d'une augmentation de la rente —, ou à capital réservé. Dans ce dernier cas, les sommes versées sont remboursées, sans intérêt, au décès du titulaire, soit à ses héritiers ou ayants droit, soit à un tiers, si les sommes ont été versées par ce tiers à titre de don.

L'époque d'entrée en jouissance de la rente est fixée, au choix de l'intéressé, à une année d'âge accomplie de 50 à 65 ans. Le titulaire peut d'ailleurs, dans le trimestre qui précède l'entrée en jouissance de sa rente, reporter la jouissance à une autre année, afin d'augmenter le montant de sa retraite.

Il est remis à chaque déposant un livret sur lequel sont inscrits les versements effectués à son compte; les rentes viagères correspondantes font l'objet d'un bulletin de situation qui est adressé annuellement à l'assuré (3).

Les versements sont reçus : à Paris et dans le département de la Seine, à la Caisse des dépôts et consignations, chez les percepteurs et les receveurs des postes ; dans les départements, par les trésoriers-payeurs généraux, les receveurs particuliers des finances, les percepteurs et les receveurs des postes.

b) *Règles spéciales aux versements opérés par les sociétés de secours mutuels.* — Les versements sur livret individuel de la Caisse nationale des retraites opérés par les sociétés de secours

____

(1) Art. 12 de la loi du 20 juillet 1886.
(2) Loi du 25 décembre 1915.
(3) Loi du 5 août 1918, article 1er.

mutuels approuvées sont soumis à des règles différentes suivant l'origine des fonds versés.

Les fonds provenant de la cotisation spéciale acquittée par le membre participant en vue de la retraite ou de la portion de cotisation statutairement affectée à ce service doivent être versés, au choix de ce membre, à capital aliéné ou à capital réservé au profit de ses ayants droit (1). Sont également inscrits à capital aliéné ou réservé au profit des ayants droit les versements opérés par les sociétaires, à titre volontaire et en supplément de la cotisation sociale, par l'intermédiaire de l'association dont ils font partie.

Sont au contraire versés soit à capital aliéné, soit à capital réservé au profit de la société, suivant que les statuts en ont décidé, tous capitaux provenant des ressources sociales : arrérages du fonds commun inaliénable de retraite que la société a pu être autorisée à inscrire sur les livrets individuels de ses adhérents, cotisations des membres honoraires, intérêts des fonds placés, dons et legs, bonis réalisés sur les autres services, fonds provenant du remboursement des capitaux réservés au profit de la société en cas de décès des déposants..., etc. (2).

Les trésoriers des sociétés de secours mutuels doivent produire à l'appui des versements opérés pour le compte des membres participants du groupement un bordereau nominatif indiquant le nom du déposant, l'année de sa naissance, le numéro de son livret, l'âge fixé pour l'entrée en jouissance de la rente.

En outre le premier versement opéré au profit d'un mutualiste non titulaire de livret doit être accompagné d'une déclaration, qui constitue le contrat de rente viagère intervenu entre le déposant et la Caisse nationale, et d'une expédition de l'acte de naissance de l'intéressé, qui peut être délivrée sur papier libre et sous forme d'extrait.

Liquidation et payement de la rente viagère. — A l'époque définitivement fixée pour l'entrée en jouissance de la rente, celle-ci est inscrite au grand livre de la Caisse nationale des

---

(1) Article 24, § 3, de la loi du 1er avril 1898. « Il en sera autrement en ce qui concerne les versements (sur livrets individuels de la Caisse nationale) opérés par le participant lui-même. Aucune de ces cotisations ne saurait être détournée de son véritable but. Le produit ne doit, en aucun cas, être placé à capital réservé au profit de la société. » Rapport LOURTIES. *Journal officiel.* Sénat. Documents parlementaires, 1897, p. 823.

(2) Article 24, § 3, de la loi du 1er avril 1898

retraites et un extrait d'inscription est délivré au titulaire sur production de son livret individuel et d'un certificat de vie.

§ 3. — CAISSES AUTONOMES DE RETRAITE

Les sociétés de secours mutuels peuvent servir à leurs adhérents des pensions viagères de retraite constituées à capital aliéné ou à capital réservé à l'aide de caisses autonomes organisées dans les conditions prévues par l'article 27 de la loi du 1er avril 1898 et le décret du 25 mars 1901.

Les caisses autonomes de retraite. — Ces caisses, pour être autorisées à fonctionner par décret en Conseil d'Etat, doivent grouper 2.000 participants au moins. Le législateur a considéré que cet effectif était nécessaire pour qu'elles puissent pratiquer, avec de suffisantes garanties pour leurs adhérents, l'opération de constitution de pensions de retraite.

Les caisses autonomes ne sont point des établissements spéciaux jouissant d'une personnalité civile propre et distincte des associations mutualistes qui les ont fondées ; ce sont de simples organes techniques d'assurance, qui réalisent, au profit des membres de la société, l'opération de constitution de pension de retraite que celle-ci a prévue dans ses statuts.

La caisse autonome possède simplement une personnalité financière indépendante ; ses ressources sont alimentées par des cotisations spéciales qui doivent être suffisantes pour lui permettre de faire face aux charges qu'elle a assumées ; ses recettes et ses dépenses font l'objet d'un budget et d'une comptabilité à part.

Administration et fonctionnement des caisses autonomes. — La caisse est dirigée par les administrateurs du groupement mutualiste qui l'a instituée, dont les fonctions doivent être entièrement gratuites. Toutefois, ceux-ci ont la faculté de recourir aux services d'employés rétribués qui assurent, sous la responsabilité du conseil d'administration, la bonne marche des services techniques de l'organisme d'assurance.

Le statut de la caisse autonome est fixé par un règlement intérieur, approuvé par le décret qui autorise la création de la caisse. Ce règlement détermine, notamment, le montant des cotisations dues par les participants, ainsi que le taux des rentes viagères assurées. Toute modification au règlement doit être approuvée par décret au Conseil d'Etat.

La gestion technique des fonds versés en vue de la retraite est organisée d'après le système des comptes individuels : un compte particulier est ouvert à chaque participant dans les écritures de la caisse et un livret lui est remis, sur lequel sont inscrits les versements effectués pour son compte ainsi que les barèmes des rentes viagères assurées.

Les pensions peuvent être constituées soit à capital aliéné — lorsque la rente viagère ne comporte pas le remboursement, au décès du pensionnaire, des sommes versées par celui-ci — soit à capital réservé — lorsque, au contraire, les cotisations versées pour le compte du pensionnaire sont remboursables aux ayants droit de celui-ci ou à la société.

Les cotisations des membres participants spécialement destinées au service de la retraite ne peuvent être versées, au choix de ceux-ci, qu'à capital aliéné ou réservé au profit de leurs ayants droit. Au contraire, les sommes provenant des ressources sociales — arrérages du fonds commun inaliénable, cotisations des membres honoraires, bonis du service de maladie, subventions, etc. — que peuvent verser les associations mutuelles à une caisse autonome, aux comptes individuels de leurs adhérents, afin d'accroître la rente viagère de ces derniers, doivent être inscrites soit à capital aliéné, soit à capital réservé au profit de la société.

Placement des fonds des caisses autonomes. — L'article 27, paragraphe 2, de la loi du 1ᵉʳ avril 1898 dispose que les fonds versés dans les caisses autonomes « devront être employés en rentes sur l'Etat, en valeurs du Trésor ou garanties par le Trésor, en obligations départementales ou en valeurs énumérées au paragraphe 1ᵉʳ de l'article 20. »

On s'est demandé si ce texte permet aux caisses autonomes de déposer leur avoir à la caisse des dépôts et consignations et, par suite, donne à ceux de ces organismes d'assurance qui ont été créés par une société de secours mutuels approuvée la faculté de bénéficier du taux d'intérêt de faveur de 4 1/2 % que prévoit l'article 21 de la loi de 1898, ou si, au contraire, il leur interdit ce mode de placement des fonds sociaux.

L'administration des finances adopte l'interprétation restrictive et la caisse des dépôts et consignations refuse de recevoir les fonds des caisses autonomes (1).

---

(1) Cf. Déclaration du directeur du mouvement général des fonds au ministère des Finances devant le conseil supérieur des sociétés de secours mutuels. *Procès-verbaux*, session de mai 1909, p. 81.

L'argument juridique sur lequel se fonde cette jurisprudence est le suivant : l'article 27 de la loi du 1er avril 1898 prévoit que les fonds des caisses autonomes doivent être placés « en valeurs énumérées au paragraphe 1er de l'article 20. » Toute la question est donc de savoir quelles sont ces valeurs. Or, le premier paragraphe de l'article 20 est ainsi conçu : « Les placements des sociétés de secours mutuels approuvées doivent être effectués en dépôts aux caisses d'épargne, à la caisse des dépôts et consignations, en rentes sur l'Etat, bons du Trésor ou autres valeurs créées ou garanties par l'Etat, en obligations des départements et des communes, du Crédit foncier de France ou des Compagnies françaises de chemins de fer qui ont une garantie d'intérêts de l'Etat. » Prétendre que les caisses autonomes ont, de par l'article 27, le droit de placer leurs fonds à la caisse des dépôts comme les sociétés de secours mutuels approuvées, c'est prétendre que ce placement constitue une valeur. Or, un compte courant n'est pas une valeur; ce sont deux choses distinctes, correspondant à deux termes distincts, que le législateur n'emploie jamais l'un pour l'autre.

Cette argumentation n'a point convaincu le Conseil supérieur des sociétés de secours mutuels qui s'est prononcé en 1909 contre la thèse de l'administration des finances (1).

On constate, en effet, que le législateur a donné, au moins dans un cas déterminé, au mot « valeur » un sens singulièrement plus étendu que celui de « titre négociable ». L'article 10 de la loi du 20 juillet 1895 énumère, en effet, parmi les « valeurs » locales que les caisses d'épargne ordinaires peuvent posséder, « les prêts aux sociétés coopératives de crédit..., acquisitions ou constructions d'habitations à bon marché. »

D'autre part, le paragraphe 2 de l'article 27 de la loi du 1er avril 1898 est ainsi conçu : « Les fonds versés dans les caisses — les caisses autonomes — devront être employés... » Il est logique d'admettre que ce texte ne règle que l'emploi défi-nitif des capitaux des caisses autonomes et qu'il n'a nullement entendu interdire à ces institutions de déposer leurs fonds en compte courant à la caisse des dépôts et consignations. Peut-on d'ailleurs concevoir qu'un organisme appelé, comme les caisses autonomes, à gérer des sommes importantes, puisse fonctionner sans posséder un compte courant dans un établissement finan-

---

(1) *Procès-verbaux du Conseil supérieur*, session de mars 1908, pp. 44 et suiv. ; session de novembre 1908, pp. 48 et suiv. ; session de mai 1909, p. 81.

cier — Caisse des dépôts et consignations, Caisse d'épargne, etc. (1). — L'administration des finances semble bien avoir admis cette manière de voir en matière de caisses d'épargne ordinaires, puisqu'elle autorise ces institutions à déposer leur fortune personnelle à la caisse des dépôts et consignations, bien que l'article 10 de la loi du 20 juillet 1895 ne prévoie pas ce mode de placement de leurs fonds.

Enfin, les caisses autonomes ne sont, aux termes du décret du 25 mars 1901, que les organes des sociétés qui les créent; elles n'ont pas de personnalité civile distincte et constituent simplement « des personnalités financières indépendantes ». Il en résulte que les fonds inscrits au budget d'une caisse autonome appartiennent en réalité à la société approuvée qui l'a instituée; ils doivent pouvoir être placés à la Caisse des dépôts et consignations et, au même titre que les autres fonds de l'association, produire intérêt au taux de 4 1/2 % (2).

Contrôle des caisses autonomes. — La comptabilité des caisses autonomes est soumise aux vérifications de l'inspection des finances et au contrôle du receveur particulier des finances.

Chaque année il est établi un inventaire technique de la caisse. Au passif figure le montant des réserves mathématiques des assurés, c'est-à-dire la valeur de tous les engagements pris par la caisse envers les participants ou leurs ayants droit. L'évaluation de ces engagements doit être faite au moyen de tables approuvées par arrêté du ministre de l'Hygiène.

Dans le cas où l'actif d'une caisse autonome n'équilibre pas son passif ou en cas d'infraction aux dispositions légales ou réglementaires en vigueur, l'autorisation donnée à la caisse peut lui être retirée par décret rendu en Conseil d'Etat.

§ 4. — Retraites ouvrières et paysannes
(loi du 5 avril 1910)

Lorsque le Parlement institua, en 1910, un régime obliga-

---

(1) Les travaux préparatoires de la loi du 1er avril 1898 ne fournissent aucun éclaircissement sur le point qui nous intéresse.

Dans le texte voté par la Chambre des députés en première lecture, le législateur limitait les placements des caisses autonomes aux rentes sur l'Etat, valeurs du Trésor ou garanties par le Trésor et aux obligations départementales et communales.

M. Gauthier de Clagny avait fait des observations sur ce texte qu'il trouvait trop restrictif. Il fut modifié par la Commission, entre la première et la deuxième lecture, et adopté sans discussion, dans sa teneur actuelle, par la Chambre des députés et le Sénat.

(2) Cf. E. Fleury. *Les caisses autonomes et le 4 1/2. Revue de la prévoyance et de la mutualité*, 1914, p. 529.

toire de retraites en faveur des ouvriers et des paysans, il s'efforça d'obtenir la collaboration de la mutualité pour l'application et la vulgarisation de la législation nouvelle (1).

Dans ce dessein, il permit aux sociétés de secours mutuels d'assurer à leurs adhérents, sous certaines conditions, les retraites prévues par la loi du 5 avril 1910 (2) et d'encaisser, pour le compte des organismes d'assurance, les versements obligatoires et facultatifs des assurés ainsi que les contributions des employeurs.

1° *Constitution des retraites ouvrières et paysannes.*

Il était naturel que le législateur, voulant décentraliser les capitaux constitutifs des retraites et associer les assurés à la gestion financière de leurs versements, fît appel aux sociétés de secours mutuels qui, depuis de longues années déjà, pratiquaient l'assurance en cas de vieillesse.

L'article 17, paragraphe 1er, de la loi du 5 avril 1910 dispose : « Toute société ou union de sociétés de secours mutuels libre ou approuvée, qui a été préalablement agréée à cet effet par décret rendu sur la proposition du ministre du Travail et du ministre des Finances, est admise à assurer directement pour ses sociétaires les retraites prévues par la présente loi. Ces retraites bénéficient de tous les avantages qui y sont spécifiés. »

Dès la mise en application de la nouvelle législation, la question se posa de savoir si le Parlement avait entendu faire de la constitution des pensions de retraites ouvrières un véritable but mutualiste et si, par suite, les assujettis à la loi du 5 avril 1910 pouvaient s'assurer la retraite légale en s'associant conformément à la loi du 1er avril 1898 en vue de ce seul objet, ou si, au contraire, les sociétés de secours mutuels ne devaient être admises à faire le service des retraites ouvrières que tout autant que leurs adhérents seraient affiliés à un autre service que la retraite obligatoire — service de maladie, d'assurance en cas de décès ou en cas de vieillesse — organisé suivant les modes prévus par la loi du 1er avril 1898.

A la suite d'une question posée à la tribune de la Chambre

---

(1) Charles Castel. *Les sociétés de secours mutuels et les retraites ouvrières*, pp. 54 et suiv.
(2) Au 1er janvier 1914, 35 groupements mutualistes avaient organisé une caisse de retraites ouvrières et paysannes.

des députés par M. Lairolle, le 12 juin 1911 (1), il a été admis
que la loi du 5 avril 1910 avait ajouté aux divers systèmes de
retraite de la loi du 1er avril 1898 une modalité nouvelle, la
retraite ouvrière et paysanne.

Il en résulte les conséquences suivantes :

1° Des sociétés et des unions de sociétés de secours mutuels
peuvent se fonder en vue d'assurer exclusivement à leurs adhérents les retraites prévues par la loi du 5 avril 1910 ;

2° Les sociétés de secours mutuels qui assurent un ou plusieurs des services mutualistes énumérés à l'article 1er de la
loi du 1er avril 1898 ont la faculté d'organiser des sections spéciales dont les adhérents sont exclusivement admis en vue du
service des retraites de la loi de 1910 et ne versent que la cotisation prévue par cette dernière loi ;

3° Les sociétés de secours mutuels peuvent affecter à la
retraite ouvrière les cotisations payées pour la retraite mutualiste ; en particulier il est possible de verser aux comptes ouverts
en vertu de la loi du 5 avril 1910 tout ou partie des sommes
destinées au service de la retraite (2).

Nous nous bornerons à exposer ici les règles générales applicables à la constitution des pensions de retraites ouvrières et
paysannes ; pour les détails, nous renverrons nos lecteurs aux
ouvrages spéciaux publiés sur la matière (3).

*De l'agrément des sociétés et unions de sociétés de secours
mutuels en vue du service des retraites ouvrières et paysannes.*
— Pour être admises à assurer directement à leurs adhérents
les retraites de la loi du 5 avril 1910, les sociétés et unions de

---

(1) *Journal officiel.* Débats parlementaires. Chambre des députés, 1911,
p. 2357.

(2) Cette interprétation administrative de la loi de 1910 a eu pour conséquence d'enlever tout intérêt pratique à la disposition inscrite à l'article 3, § 11, de la loi en vertu de laquelle « ceux qui justifieront être
déjà adhérents et payer leur cotisation à une société de secours mutuels
ou de prévoyance faisant la retraite... pourront être autorisés à continuer à appliquer à ces œuvres les versements personnels auxquels ils
sont tenus par la présente loi. »

Les intéressés ne sont plus obligés, pour se conformer aux obligations
de la loi du 5 avril 1910, de faire un versement additionnel à leur cotisation mutualiste.

Aussi le Conseil supérieur des retraites ouvrières a-t-il émis, dans sa
séance du 22 juin 1912, un vœu tendant à l'abrogation des paragraphes 11 et 12 de la loi du 5 avril 1910.

(3) A. GOINEAU et R. RISSER. *Manuel formulaire des retraites ouvrières.*
— A. SACHET, *Traité théorique et pratique de la législation sur les
retraites ouvrières et paysannes.* — G. SALAUN, *Les retraites ouvrières et
paysannes.* — A. MÉTIN et J. MERKLEN, *Les retraites ouvrières et paysannes,* etc.

sociétés de secours mutuels doivent adresser au préfet du département où elles ont leur siège social une demande signée de leur président, accompagnée :

1° D'un extrait de la délibération de l'assemblée générale par laquelle la société ou l'union de sociétés s'est engagée à assurer directement pour ses sociétaires les retraites prévues par la loi sur les retraites ouvrières et paysannes et à leur payer, sous sa responsabilité, les arrérages de l'allocation viagère et de la bonification de l'Etat en même temps que ceux de la retraite ;

2° Des statuts de la société ;

3° Du règlement intérieur adopté par l'assemblée générale pour le service des retraites ;

4° Des comptes des trois dernières années ;

5° D'une liste certifiée par le président et le trésorier, contenant les noms, prénoms et adresses de ceux des sociétaires qui, placés sous le régime des articles 10 et 36 de la loi sur les retraites ouvrières et paysannes, demandent l'ouverture à la société de leur compte individuel.

Le nombre des sociétaires portés sur cette liste ne peut être inférieur à 2.000.

L'agrément ne peut être refusé qu'aux sociétés ne remplissant pas les conditions générales déterminées par les règlements. En cas de refus d'agrément, ou après l'expiration d'un délai de trois mois à partir de la demande, un recours peut être formé devant le Conseil d'Etat sans ministère d'avocat et avec dispense de tout droit.

Constitution des pensions. — Un compte individuel est ouvert par la caisse d'assurance à chaque mutualiste qui a choisi la société comme établissement assureur. Sont inscrits à ce compte, au moment de l'arrivée à la caisse de la carte annuelle, les versements de l'assuré, les contributions des employeurs, les majorations de l'Etat.

En principe, les retraites sont constituées à capital aliéné ; toutefois, sur la demande des assurés majeurs, les versements prélevés sur les salaires peuvent être faits à capital réservé ; l'assuré peut d'ailleurs aliéner ultérieurement le capital des versements primitivement effectués à capital réservé.

Les tarifs des retraites sont établis en tenant compte : 1° du taux moyen d'intérêt, gradué par décimes, de l'ensemble des placements effectués par la caisse au cours de l'année précédant le dernier inventaire ; 2° des chances de mortalité, calculées provisoirement d'après la table de mortalité de la caisse nationale des retraites pour la vieillesse; 3° du remboursement des versements personnels de l'assuré à son décès, si l'assuré a stipulé ce remboursement.

Placement des fonds des caisses d'assurance. — La gestion des deniers et valeurs appartenant aux caisses d'assurance est assurée gratuitement par la Caisse des dépôts et consignations, moyennant le simple remboursement des droits et frais de courtage et d'acquisition.

Les placements ne peuvent être effectués qu'en valeurs énumérées à l'article 15, paragraphe 3, de la loi du 5 avril 1910.

Les sommes déposées par les sociétés agréées à la Caisse des dépôts et consignations, en exécution de la loi du 5 avril 1910, forment un fonds de retraite aliénable, absolument distinct des fonds déposés dans cet établissement par application de la loi du 1ᵉʳ avril 1898.

Comptabilité des caisses d'assurance. — Les sociétés de secours mutuels agréées pour le service des retraites ouvrières et paysannes sont tenues d'établir une comptabilité spéciale, décrivant les opérations du service des retraites, à l'exclusion des frais d'administration, absolument distincte de celle qui concerne les opérations effectuées en conformité de la loi du 1ᵉʳ avril 1898.

La comptabilité spéciale d'assurance comportant des opérations financières et des opérations techniques se divise elle-même en deux sections : « la comptabilité financière d'assurance », qui constate les recettes et les dépenses effectuées par la caisse d'assurance et tient les comptes individuels, et la « comptabilité technique d'assurance », qui concerne l'établissement des tarifs et des barèmes, l'inscription des rentes éventuelles aux comptes individuels des assurés, la liquidation des retraites, le calcul des réserves mathématiques.

Liquidation des pensions. — L'âge normal de la retraite est fixé à 60 ans, l'assuré ayant la faculté d'en ajourner la liquidation à 65 ans ou d'en réclamer la liquidation anticipée à 55 ans.

Contrôle des caisses d'assurance. — La comptabilité financière d'assurance des sociétés agréées est soumise au contrôle du receveur central de la Seine, des trésoriers-payeurs généraux et des receveurs particuliers des finances et aux vérifications de l'inspection générale des finances.

La comptabilité technique d'assurance est soumise au contrôle du ministre du Travail, dont l'exercice sur place est confié à des contrôleurs spéciaux.

Chaque année les sociétés agréées sont tenues d'adresser au ministre un inventaire donnant leur situation active et passive en ce qui concerne les opérations du service des retraites prévues par la loi du 5 avril 1910. Les réserves mathématiques font l'objet d'un article spécial du passif.

2° Encaissement des versements des assurés
et de la contribution patronale.

En vertu de l'article 3, paragraphe 1er, de la loi du 5 avril 1910, l'employeur est tenu de prélever sur les salaires, lors de chaque paye, les versements de retraite auxquels ses ouvriers sont astreints et il doit apposer, sur leur carte annuelle, des timbres représentant le montant total du prélèvement et de la contribution patronale.

La règle du précompte souffre cependant des exceptions. En particulier, l'article 3, paragraphes 7, 8 et 9, de la loi de 1910 prévoit que « les sociétés de secours mutuels... peuvent se charger de l'encaissement des versements obligatoires ou facultatifs de leurs adhérents, si ceux-ci en font la demande. Elles peuvent recevoir d'avance les versements obligatoires des assurés, à condition de les inscrire sur leurs cartes avec une mention spéciale. Les employeurs qui occupent des salariés adhérents à des organismes admis à faire l'encaissement peuvent faire encaisser, par lesdits organismes, dans les mêmes conditions que ci-dessus, leur contribution patronale. »

Ces dispositions législatives ont pour origine un amendement déposé sur le bureau du Sénat par M. Ribot, à la demande des sociétés spéciales de retraite, qui étaient venues offrir leur concours pour l'application de la nouvelle législation à la condition qu'on leur permît de conserver leur clientèle et de percevoir les cotisations comme elles étaient habituées à le faire (1). Le législateur, en autorisant les sociétés de secours mutuels à se charger de l'encaissement des versements obligatoires et facultatifs de leurs adhérents et de la contribution des employeurs, s'est proposé, d'une part, de maintenir intacts les liens existant entre les sociétés de retraite et leurs adhérents, d'autre part, d'utiliser le concours moral et la propagande de

---

(1) Journal officiel. Débats parlementaires. Sénat, 1909, p. 1232.

ces grands groupements pour la vulgarisation du nouveau régime d'assurance-retraite.

Par une interprétation bienveillante de la loi il a été admis que les sociétés de secours mutuels poursuivant un ou plusieurs des buts énumérés à l'article 1er de la loi de 1898 pourraient organiser une section spéciale d'adhérents dont les membres seraient exclusivement tenus au versement de leur cotisation de retraite ouvrière.

Il a été admis également que, par le mot « adhérent », on devait entendre non seulement les membres participants de la société, mais encore les divers membres de la famille appelés à recevoir les secours statutaires.

Mais la jurisprudence administrative ne considère pas comme un service mutualiste la collecte des cotisations de retraite ouvrière et refuse le bénéfice de la législation sur les sociétés de secours mutuels aux associations qui se constitueraient exclusivement en vue d'encaisser les versements prévus par la loi du 5 avril 1910.

Organisation du service de l'encaissement. — L'encaissement des versements obligatoires ou facultatifs et de la contribution patronale donne lieu à la création d'un service annexe, dont le principe et le règlement intérieur doivent être votés par l'assemblée générale.

L'admission des sociétés au service de la collecte est prononcée par une décision concertée des ministres du Travail et des Finances, sur la demande du président de l'association intéressée, accompagnée des pièces suivantes :

a) Un extrait de la délibération de l'assemblée générale indiquée ci-dessus;

b) Les statuts de la société;

c) Le règlement intérieur adopté pour le service de l'encaissement;

d) Les comptes des trois dernières années.

Fonctionnement du service. — Les organismes collecteurs doivent exiger au préalable de tout assuré désireux de faire des versements par leur intermédiaire une déclaration par écrit, établie dans les formes prévues par l'arrêté du 25 avril 1911.

Le délégué de la société inscrit alors sur la carte annuelle de l'assuré le nom de l'organisme chargé de la collecte ainsi que les dates d'ouverture et de clôture du trimestre pendant lequel cet organisme se charge de l'encaissement.

Puis il appose sur la carte des timbres représentant la valeur entière des versements effectués par les intéressés.

Les sociétés collectrices doivent tenir un carnet de comptes individuels relatant ces versements. Leur comptabilité est soumise au contrôle des receveurs des finances et à la vérification de l'Inspection des finances.

§ 5. — Comparaison entre les divers- systèmes mutualistes de retraite

Pour comparer entre eux les divers systèmes mutualistes de retraite il convient d'envisager à la fois les conceptions générales dont ils s'inspirent et le montant des rentes qu'ils permettent d'acquérir.

Nous n'ignorons pas que nous abordons un sujet controversé, qui a donné lieu, dans les milieux mutualistes, à des discussions souvent passionnées (1). Qu'il nous soit permis cependant d'exposer ici en toute liberté notre manière de voir sur cette question.

Principes sur lesquels reposent les divers systèmes mutualistes de retraite. — Le caractère essentiel du fonds commun de retraite institué par la loi du 1ᵉʳ avril 1898 est d'être inaliénable et de ne permettre de constituer des pensions qu'à capital réservé au profit de la société. Ainsi le fonds commun est appelé à grossir indéfiniment, chaque participant ne recevant, en échange de sa cotisation, que le revenu de son apport personnel, accru du revenu des apports des sociétaires qui l'ont précédé.

« L'importance croissante de ce patrimoine commun, a déclaré M. Cavé, nous permettra d'augmenter progressivement la pension de nos sociétaires sans modifier leurs cotisations et, après la génération actuelle, les générations qui nous suivront et dont nous sommes solidaires en profiteront à leur tour. »

Le caractère généreux d'une telle entreprise est incontestable, mais les sentiments élevés dont elle s'inspire ne sauraient suffire pour la justifier à nos yeux.

---

(1) M. Cavé considérait le fonds commun comme « l'une des bases essentielles de la religion mutualiste ». (Communication au Congrès de Montpellier de 1899). M. Vermont y voit « l'honneur et la sécurité de la Mutualité » (Déclarations au Congrès de Nice de 1907. *Compte rendu général*, p. 523). Par contre, M. Lépine déclare tout net que « le fonds commun représente, non le produit de l'effort collectif, mais le produit du vol collectif ». (*La Mutualité*, p. 119.)

Le résultat évident du système du fonds commun est de sacrifier les sociétaires présents au profit des participants futurs, puisque l'accroissement du fonds de retraite n'est obtenu que par l'abandon, au profit de la société, du capital versé par les assurés.

On peut se demander si ce sacrifice est nécessaire et s'il est désirable que les travailleurs, nos contemporains, réduisent volontairement le fruit de leur effort de prévoyance « au profit de successeurs inconnus qui seront sans doute moins besoigneux, car il est probable que les conditions d'existence sociale iront sans cesse en s'améliorant dans l'avenir (1). »

Est-il bien moral d'ailleurs et conforme à la justice qu'un mutualiste, quel qu'il soit, reçoive une pension de retraite d'un taux absolument disproportionné avec son effort personnel d'épargne ?

N'y a-t-il pas lieu de craindre enfin que ces sociétaires, qui n'auront eu d'autre peine que celle d'adhérer à une société riche, ne soient tentés d'écarter ceux qui voudraient venir partager avec eux le fruit de l'épargne des générations antérieures? On a pu constater que quelques associations anciennes, fortunées, recrutaient difficilement des adhérents nouveaux. Ne serait-ce point parce qu'elles ont à peu près fermé leurs portes afin de réserver à leurs membres actuels des pensions d'un taux aussi élevé que possible ?

Les partisans du fonds commun inaliénable reconnaissent volontiers qu'il est regrettable de ne point faire bénéficier intégralement les mutualistes de leur effort personnel de prévoyance et les rapporteurs de la loi de 1898 à la Chambre des députés et au Sénat, MM. Audiffred et Lourties, ont admis qu'il serait désirable que les cotisations versées par les participants puissent être « consommées par eux d'après les règles du contrat de rente viagère ». S'ils ont proposé au Parlement de les déclarer inaliénables, c'est parce qu'ils estimaient qu'elles ne pouvaient être pratiquement distinguées des autres ressources qui alimentent le fonds commun — cotisations des membres honoraires, dons et legs, subventions de l'Etat — « qui doivent profiter aux sociétés *ad perpetuum* et être inaliénables, les sociétaires actuels ne pouvant raisonnablement prétendre qu'à l'usufruit des sommes de cette espèce ».

Cette manière de voir est contestable.

On doit noter, en premier lieu, que, dans la pratique, les

---

(1) Rapport de M. Léon MARIE au ministre de l'Intérieur, 1893.

capitaux qui servent à alimenter le fonds commun, proviennent pour une large part des bonis sociaux. Or, les bonis, qui ont pour origine des économies réalisées sur les cotisations statutaires, devraient être intégralement distribués aux membres participants.

Les versements des membres honoraires ne sauraient non plus être considérés comme essentiellement destinés à accroître l'actif de cet être impersonnel et fictif que constitue la société; ils ont pour cause les liens de sympathie et de solidarité active qui unissent les membres honoraires aux participants actuels et devraient, semble-t-il, profiter à ces derniers pour la totalité.

Il en est de même des subventions de l'Etat, qui sont exclusivement destinées à encourager les efforts de prévoyance et d'épargne des membres participants.

On peut douter enfin que, dans tous les cas, les bienfaiteurs des sociétés de secours mutuels aient l'intention d'attribuer à leurs libéralités un caractère perpétuel; le plus souvent ils se proposent d'aider la génération mutualiste présente, qu'ils connaissent et dont ils ont pu apprécier les mérites.

Au contraire du fonds commun, le système du livret ou du compte individuel permet à l'assuré de consommer intégralement les sommes qu'il a versées en vue de la retraite et d'obtenir la pension la plus élevée possible; aussi quelques-uns lui reprochent-ils d'être un mode individualiste d'assurance et de sacrifier l'association au sociétaire.

On peut observer que toute opération d'assurance, supposant la mise en commun de risques similaires pour l'application de la loi des grands nombres, ne peut être considérée comme une œuvre individualiste (1) et que la Caisse nationale des retraites, à y regarder de près, n'est autre chose qu'une grande société d'assurance mutuelle, gérée par la Caisse des dépôts et consignations sous la garantie de l'Etat (2).

On ne saurait non plus faire au livret individuel le reproche de sacrifier l'intérêt de la société à celui de ses membres. L'intérêt social n'est-il pas, en l'espèce, la somme des intérêts particuliers et l'association n'a-t-elle pas pleinement atteint son but lorsque, mesurant l'effort personnel et sa récompense, elle

---

(1) M. BELLOM. *Les perspectives d'avenir de la mutualité. Revue de la prévoyance et de la mutualité*, octobre 1913, p. 958.
(2) Voir sur ce point les déclarations de M. DELATOUR, directeur général de la Caisse des dépôts et consignations, au Conseil supérieur des sociétés de secours mutuels.

a fait bénéficier ses adhérents du maximum d'avantages en vue desquels ils se sont groupés ?

Au surplus les opérations des sociétés à livrets peuvent ne point se borner à partager en fin d'année et à répartir sur les livrets individuels les bénéfices sociaux de l'exercice écoulé.

En effet, dans le système du livret, les cotisations des membres honoraires, les dons et legs, les subventions de l'Etat, les bonis sociaux peuvent être inscrits à capital réservé au profit de la société ; il en résulte qu'au décès du titulaire ces sommes sont remboursées à l'association et peuvent être versées à nouveau et dans les mêmes conditions sur les livrets des sociétaires dont la retraite est en voie de formation. Il existe, par conséquent, dans les sociétés à livrets organisées sur ce type, une sorte de fonds commun, constitué à l'aide des seules ressources extraordinaires, qui sert à accroître progressivement le montant des retraites des participants futurs.

Rentes produites par les divers systèmes mutualistes de retraite. — Pour comparer la productivité des divers systèmes d'assurance-vieillesse utilisés par les sociétés de secours mutuels approuvées, on calculera la rente obtenue, dans chacun de ces systèmes, par un versement annuel de 9 francs, effectué sans interruption de 20 à 65 ans, en tenant compte des divers éléments — contribution patronale, allocation et subvention de l'Etat — qui viennent accroître le montant des pensions viagères servies par les sociétés de secours mutuels approuvées, les caisses autonomes et les caisses mutualistes d'assurance organisées en conformité de la loi du 5 avril 1910.

1) *Système de retraites de la loi du 5 avril 1910*
(assurés obligatoires).

Rente viagère acquise à l'aide d'un versement annuel de 9 fr., effectué sans interruption de 20 à 65 ans exclus (tarif CR, 4.50 %, capital aliéné).......................... 236 40

Rente viagère acquise à l'aide de la contribution patronale 236 40

Allocation viagère de l'Etat (jouissance reportée à 65 ans) 169 15
____
641 95

Des majorations sont attribuées à tout assuré ayant élevé au moins trois enfants jusqu'à l'âge de 16 ans. En outre, si l'assuré décède avant l'échéance de sa pension de retraite, il est alloué des secours à sa veuve et à ses enfants âgés de moins de 16 ans.

2) *Système du livret individuel de la Caisse nationale des retraites pour la vieillesse ou d'une caisse autonome* (société de secours mutuels de moins de 8.888 membres).

Rentes acquise à l'aide d'un versement personnel de 9 francs effectué sans interruption de 20 à 65 ans exclus. Tarif C R., 4.50 %, capital aliéné....................................... 236 40

Rente acquise à l'aide de la subvention de l'Etat.... 59 10

295 50

3) *Système du fonds commun inaliénable de retraite*
(société groupant moins de 8.888 adhérents).

Dans un mémoire présenté en 1911 au Conseil supérieur des sociétés de secours mutuels, M. R. Risser, chef du service de l'actuariat au ministère du Travail, a calculé le taux des pensions que pourrait servir, à 65 ans, une société de secours mutuels dont les adhérents versent une cotisation annuelle de 9 francs au fonds commun inaliénable de retraite. Il a supposé que cette société comptait moins de 3.525 membres, répartis suivant la loi C R de 20 à 50 ans exclus, et admis qu'elle se recrutait d'une façon régulière conformément à la même loi C R.

Partageant entre les ayants droit, aux différentes périodes de fonctionnement de l'association, les intérêts du fonds commun inaliénable de retraite, il a obtenu les chiffres suivants :

ANNÉES DE FONCTIONNEMENT DE LA SOCIÉTÉ	MONTANT DES RETRAITES (en francs)
17ᵉ année	790.23
25ᵉ »	147.21
35ᵉ »	132.81
45ᵉ »	158.65
55ᵉ »	190.65
65ᵉ »	222.89
75ᵉ »	255.13
85ᵉ »	287.37
95ᵉ »	319.61
105ᵉ »	351.86

Les chiffres précédents établissent :

1° Que la pension, à 65 ans, d'un assuré obligatoire de la loi du 5 avril 1910 est de 116 % plus élevée que celle d'un mutualiste titulaire d'un livret individuel de la Caisse nationale des retraites pour la vieillesse.

2° Que le système du fonds commun inaliénable de retraite ne permet de servir des pensions égales aux pensions constituées à l'aide du livret individuel qu'à partir de la 88ᵉ année environ de fonctionnement de la société.

DEUXIÈME SECTION

Allocations annuelles de retraite.

L'article 25 de la loi du 1ᵉʳ avril 1898 permet aux sociétés de secours mutuels d'accorder à leurs membres participants des allocations de vieillesse, dont le montant est fixé chaque année par l'assemblée générale. Les bénéficiaires sont désignés parmi les sociétaires qui réunissent les diverses conditions exigées par les statuts et comptent au minimum 50 ans d'âge et quinze années de sociétariat. Ces allocations sont « non pas viagères, mais annuelles »; elles peuvent être réduites ou même entièrement supprimées sans qu'aucun recours soit ouvert aux intéressés contre les décisions de l'assemblée générale.

Les allocations annuelles de retraite sont servies par les sociétés soit à l'aide des intérêts de leur compte fonds commun inaliénable, soit au moyen de leurs ressources disponibles.

§ 1ᵉʳ. — ALLOCATIONS DE RETRAITE SERVIES A L'AIDE
DES INTÉRÊTS DU FONDS COMMUN

Attribution des allocations. — Les sociétés approuvées rencontrent, dans la détermination du taux des allocations de retraite prélevées sur les intérêts du fonds commun inaliénable, les mêmes difficultés qu'elles éprouvent pour fixer le taux des pensions.

Elles ne sauraient, en effet, se contenter, dans les premières années de fonctionnement de ce service, de partager les intérêts disponibles du fonds commun entre les bénéficiaires. Le tableau de la page 96 fait nettement ressortir les inégalités de traitement auxquelles aboutirait l'adoption d'un pareil mode de calcul des allocations; les membres fondateurs obtiendraient des secours de vieillesse d'un taux exagéré et les groupements qui procéderaient de la sorte devraient être rangés dans la catégorie des associations pseudo-mutualistes que la loi du 1er avril 1898, dans son article 2, a expressément exclues du bénéfice de la législation sur les sociétés de secours mutuels.

Il convient toutefois d'observer que le taux des allocations de retraite est essentiellement revisable et que, par suite, les associations mutuelles qui commettraient des erreurs dans le calcul de leurs allocations ont la possibilité de les corriger dans une large mesure.

Aussi le *Guide technique des sociétés de secours mutuels dans toutes leurs opérations d'assurance*, publié par la Direction de la mutualité et le service de l'actuariat du ministère de l'Hygiène sociale, constatant que l'augmentation des retraites provenant du retour au fonds inaliénable des capitaux immobilisés par les premiers pensionnaires ne peut être calculée par des formules, conseille-t-il aux groupements qui utilisent le système du fonds commun de prévoir, dans leurs statuts, deux éléments constitutifs de la pension : 1° une pension viagère, représentant la retraite minima qui peut être garantie par les sociétés à fonds commun; 2° une allocation supplémentaire, qui sera fixée annuellement par l'assemblée générale, d'après le surplus des ressources du fonds commun, s'il en existe (1).

Service des allocations. — Pour verser aux membres participants les allocations de retraite qui leur ont été attribuées par l'assemblée générale, les sociétés de secours mutuels doivent obtenir du ministère de l'Hygiène sociale l'autorisation de prélever, sur les intérêts de leur compte fonds commun inaliénable, les sommes nécessaires au payement de cette dépense.

A cet effet, elles doivent adresser à ce département ministériel, soit directement, si elles ont leur siège dans la Seine, soit par l'intermédiaire du préfet, dans les autres départements, les pièces suivantes : 1° une demande de prélèvement, signée du président et du trésorier (2); 2° un extrait du procès-verbal de l'assemblée générale qui a accordé les allocations; 3° les bulletins de naissance des bénéficiaires (3).

En matière d'allocation, comme en matière de pension de

____

(1) P. 29.
(2) Cette demande doit être établie conformément au modèle C annexé à la circulaire du ministre du Travail du 14 juin 1912.
(3) Le bulletin de naissance peut être remplacé par un acte de notoriété ou par un bulletin de mariage.

retraite, le contrôle administratif est purement juridique; l'Administration, avant d'autoriser le prélèvement, se borne à vérifier si les bénéficiaires réunissent bien les diverses conditions d'âge et de sociétariat exigées par les statuts et la loi du 1ᵉʳ avril 1898.

§ 2. — ALLOCATIONS DE RETRAITE SERVIES A L'AIDE DES FONDS LIBRES

Attribution des allocations. — Les sociétés de secours mutuels pouvant consommer les capitaux inscrits à leur compte « fonds libres », la fixation du taux des allocations servies à l'aide de ces fonds ne soulève aucune difficulté spéciale. Les sociétés peuvent calculer elles-mêmes leurs barèmes, d'après la table de mortalité C R., à capital aliéné et au taux d'intérêt de 4 ½ %, à l'aide du *Guide technique des sociétés de secours mutuels dans toutes leurs opérations d'assurance*, ou plus simplement utiliser les barèmes de la Caisse nationale des retraites pour la vieillesse.

Il est bien évident qu'une société de secours mutuels dont les adhérents sont suffisamment nombreux pour que joue la loi des grands nombres et qui a calculé le taux de ses allocations en se conformant aux règles de la technique actuarielle est en mesure de servir indéfiniment les mêmes retraites, qui revêtent ainsi, dans la pratique, un caractère de fixité absolue. En fait aucune différence ne sépare une allocation annuelle ainsi stabilisée d'une pension viagère.

Aussi un certain nombre d'importantes sociétés de secours mutuels, qui se proposent exclusivement de venir en aide à leurs adhérents en cas de vieillesse, ont-elles adopté le système des allocations constituées à l'aide des fonds libres; elles peuvent ainsi servir leurs retraites à capital aliéné, sans créer de caisses autonomes.

Service des allocations. — Les allocations de retraite sur fonds libres sont payées directement par les sociétés aux bénéficiaires à l'aide de leurs ressources disponibles, dont elles disposent librement et sans contrôle administratif préalable.

TROISIÈME SECTION

Pensions et allocations d'invalidité.

Nous avons précédemment indiqué comment la mutualité pouvait assurer directement ses adhérents contre l'invalidité; il reste à exposer les conditions dans lesquelles, assimilant l'invalidité à une vieillesse prématurée, elle permet aux personnes atteintes par ce risque d'obtenir la liquidation anticipée de leur retraite d'âge.

1° *Système du fonds commun inaliénable.* — La loi de 1898 n'a pas prévu la liquidation anticipée, en cas d'invalidité, des pensions de retraite constituées à l'aide du compte fonds commun inaliénable.

L'article 25, dernier paragraphe, de cette loi permet seulement à l'assemblée générale d'allouer, « sur les fonds de réserve », des indemnités pécuniaires aux membres participants devenus infirmes ou incurables avant l'âge fixé par les statuts pour être admissibles à la pension viagère de retraite (1).

L'Administration tolère toutefois que le règlement de ces indemnités soit effectué à l'aide de prélèvements opérés sur les intérêts du fonds commun inaliénable, dans les formes usitées en matière d'allocations annuelles de retraite.

La société doit produire, à l'appui de sa demande, un certificat médical constatant l'incapacité absolue de travail de l'intéressé.

2° *Système du livret individuel de la Caisse nationale des retraites pour la vieillesse.* — Dans le cas de blessures graves ou d'infirmités entraînant une incapacité absolue de travail, les pensions constituées sur livret individuel de la Caisse nationale des retraites pour la vieillesse peuvent être liquidées, sur la demande des intéressés, avant 50 ans et en proportion des versements effectués (2).

Les pensions ainsi liquidées par anticipation, dont le montant est inférieur à 360 francs, peuvent être bonifiées au moyen d'une allocation spéciale. Ces bonifications sont accordées, sous forme de rentes complémentaires, par la commission supérieure de la Caisse nationale des retraites. Les sommes nécessaires à la constitution desdites rentes sont prélevées sur les ressources provenant d'une dotation spéciale, formée de la moitié du produit de la vente des diamants de la couronne (3),

---

(1) Les sociétés de secours mutuels ne peuvent donc allouer que des secours et non des pensions aux membres participants devenus infirmes avant l'âge de 50 ans et sans avoir acquitté pendant quinze ans au moins la cotisation sociale. Conseil d'Etat, cont., 17 janvier 1913 (Société de secours mutuels des sapeurs-pompiers de Cahors).

(2) Article 11, § 1er, de la loi du 20 juillet 1886.

(3) Article 4 de la loi du 31 décembre 1895.

et sur le montant d'un crédit inscrit annuellement au budget (1).

3° *Système des caisses autonomes de retraite.* — Le règlement des caisses autonomes de retraite peut prévoir la liquidation anticipée des pensions de vieillesse en cas d'invalidité permanente totale ou même partielle.

4° *Système de la loi du 5 avril 1910.* — En vertu de l'article 9 de la loi du 5 avril 1910, les assurés qui sont atteints, en dehors des cas régis par la loi du 9 avril 1898 et à l'exclusion de toute faute intentionnelle, de blessures graves ou d'infirmités prématurées entraînant une incapacité absolue et permanente de travail ont droit, quel que soit leur âge, à la liquidation anticipée de leur retraite.

La retraite ainsi liquidée est bonifiée par l'Etat au moyen de crédits spéciaux, annuellement ouverts à cet effet par la loi de finances, sans que la bonification puisse dépasser 100 francs ni la retraite devenir supérieure à 360 francs, bonification comprise.

II. — Sociétés libres.

Pensions et allocations de vieillesse et d'invalidité.

Comme les associations approuvées, les sociétés libres peuvent se proposer d'assurer à leurs adhérents des pensions de retraite ; mais, tandis que la loi de 1898 oblige les associations approuvées à constituer leurs pensions suivant certaines règles déterminées, les sociétés libres ont la faculté de choisir, parmi les diverses combinaisons techniques d'assurance-retraite, celle qui convient le mieux à leurs adhérents.

Elles peuvent donc adopter l'un des systèmes d'assurance qu'utilisent les sociétés approuvées, créer un fonds commun, qu'une clause de leurs statuts déclarera inaliénable et dont les intérêts seuls serviront au payement des pensions, constituer leurs retraites sur livret individuel de la Caisse nationale ou d'une caisse autonome fonctionnant dans les conditions du décret du 25 mars 1901 (2), organiser une caisse de retraites

---

(1) Article 11, § 2, de la loi du 20 juillet 1886.

(2) On s'est demandé, au début de l'application de la loi du 1er avril 1898, si les sociétés libres pouvaient créer des caisses autonomes de retraites ; pour soutenir la négative, quelques personnes observaient que l'article 27 de la loi de 1898, qui règle le fonctionnement de ces caisses, est contenu dans le titre III de la loi, relatif aux sociétés approuvées. La question paraît avoir été définitivement tranchée, dans un sens favorable aux sociétés libres, par le décret portant règlement

ouvrières et paysannes, conformément à l'article 17 de la loi du 5 avril 1910. Elles peuvent également servir directement à leurs adhérents, sur leurs ressources disponibles, des retraites à capital aliéné ou à capital réservé, et même adopter, bien qu'il n'offre aucun caractère scientifique, un système analogue à celui de la loi du 9 juin 1853 sur les pensions civiles, les cotisations versées par les sociétaires étant proportionnelles à leur salaire et les pensions calculées en raison du traitement moyen obtenu par le participant durant les années qui ont précédé l'ouverture de son droit à la pension...

Aucune disposition législative ou réglementaire ne vient limiter les conditions d'exercice du droit de constituer des pensions de retraite que les organismes mutualistes libres tiennent de l'article 1er de la loi du 1er avril 1898; le fonctionnement de ce service n'est point subordonné à la réunion d'un nombre déterminé d'assurés et les statuts règlent librement les conditions requises pour l'obtention des retraites sans que la loi exige des pensionnaires un minimum quelconque d'âge ou de sociétariat.

Une seule restriction a été mise par le législateur à l'absolue liberté dont jouissent les sociétés libres en matière de retraites : lorsqu'elles assurent à leurs membres des pensions garanties, elles sont tenues d'indiquer dans leurs statuts la cotisation ou la portion de cotisation spécialement affectée à ce service (1).

Mais cette précaution est sans grande portée pratique. Si, en effet, l'article 16 de la loi du 1er avril 1898 donne à l'Administration le droit de refuser l'approbation des sociétés qui ne prévoient point des recettes proportionnées aux dépenses pour la constitution des retraites garanties, aucun texte ne permet de suspendre le fonctionnement d'une société libre dont les cotisations sont manifestement insuffisantes pour assurer le service des pensions qu'elle promet à ses participants; des poursuites pénales pourraient seulement être intentées contre les administrateurs qui essayeraient frauduleusement de tromper les futurs adhérents sur les avantages assurés.

---

d'administration publique du 25 mars 1901, dont l'article 1er est ainsi conçu : « Toutes les sociétés de secours mutuels ou unions de sociétés fonctionnant dans les conditions prévues par la loi du 1er avril 1898, peuvent créer des caisses autonomes... »

(1) Article 5, 11°, de la loi du 1er avril 1898.

QUATRIEME PARTIE

SECOURS ET ASSURANCE EN CAS DE DÉCÈS

CHAPITRE PREMIER

Des divers secours et indemnités assurés par les sociétés de secours mutuels en cas de décès. — Distinction du secours et de l'indemnité d'assurance en cas de décès.

La plupart des sociétés de secours mutuels, après avoir secouru leurs membres participants malades ou âgés, les assistent en cas de décès en leur assurant des funérailles décentes.

En outre, des associations chaque jour plus nombreuses s'efforcent de garantir leurs adhérents contre le risque de décès, particulièrement redoutable pour le travailleur, puisque, au contraire de la vieillesse, il prend l'homme au dépourvu et désorganise la famille.

Les unes viennent en aide aux veuves et aux orphelins de leurs participants en leur versant, dès le lendemain du décès, des secours pécuniaires destinés à parer à leurs besoins les plus urgents.

D'autres contractent au profit de leurs membres de véritables assurances en cas de décès (1).

L'article 1er de la loi du 1er avril 1898 indique que les sociétés de secours mutuels peuvent se proposer comme but soit « d'allouer des secours aux ascendants, aux veufs, veuves ou orphelins des membres participants décédés », soit de « contracter au profit de leurs membres des assurances individuelles ou collectives en cas de décès ».

---

(1) Au 1er janvier 1914, il existait 264 groupements mutualistes ayant pour but unique d'assurer des secours ou des capitaux en cas de décès, dont 182 sociétés à primes fixes et 82 sociétés fonctionnant d'après le système du franc au décès.

L'Administration supérieure estime que cette disposition légale permet aux associations mutualistes d'allouer directement, à l'aide de leurs ressources disponibles, des secours à la famille de leurs adhérents décédés; mais qu'elle ne les habilite à verser des indemnités d'assurance qu'à la condition soit de contracter leurs assurances à la Caisse nationale d'assurance en cas de décès ou à une entreprise privée assujettie au contrôle de l'Etat, soit de réaliser elles-mêmes l'opération d'assurance par le moyen d'une caisse autonome, organisée conformément à l'article 27 de la loi du 1er avril 1898 et au décret du 25 mars 1901.

Cette interprétation de la législation mutualiste, qui est conforme à la jurisprudence du Conseil d'Etat (1), se justifie par des nécessités inhérentes à la nature même de l'opération d'assurance.

Si, en effet, il est possible d'autoriser les Sociétés de secours mutuels à allouer directement et sans garanties spéciales des secours de décès, qui ne sont que le prolongement et l'accessoire des secours de maladie, on ne saurait leur permettre de pratiquer elles-mêmes l'assurance en cas de décès que si elles sont organisées conformément aux règles de la technique et si elles réunissent un nombre d'adhérents suffisamment élevé pour que leurs opérations ne soient point soumises au simple jeu du hasard. C'est pourquoi les associations mutualistes qui s'engagent à payer à leurs adhérents des capitaux en cas de décès sans se réassurer à la Caisse nationale d'assurance ou à une compagnie privée assujettie au contrôle de l'Etat, sont tenues de créer une caisse autonome fonctionnant dans les conditions du décret du 25 mars 1901.

Les sociétés de secours mutuels étant ainsi placées sous un régime différent, suivant qu'elles pratiquent l'assurance en cas de décès ou qu'elles accordent à leurs adhérents de simples secours de décès, il importe de déterminer les caractères qui permettent de distinguer le secours de l'indemnité d'assurance.

Il semblerait logique de considérer comme secours toute allocation dont le montant n'est pas fixé et varie suivant les besoins du bénéficiaire; serait tenue, au contraire, pour une indemnité d'assurance toute somme dont le chiffre est arrêté par les statuts.

Malgré sa simplicité, ce système ne saurait être adopté :

---

(1) Conseil d'Etat, Cont., 26 décembre 1913 (La Mutuelle dotale de Ligny-en-Barrois).

il serait contraire, en effet, à la tradition mutualiste, de considérer des allocations fixes de 100 ou de 200 francs en cas de mort comme de véritables indemnités d'assurance que les sociétés de secours mutuels ne pourraient régler directement à l'aide de leurs ressources disponibles (1).

Le seul élément dont on puisse tenir compte, pour apprécier si une société de secours mutuels réalise ou non des opérations d'assurance, paraît être le chiffre de l'indemnité allouée, ce chiffre, pour que l'indemnité versée puisse être considérée comme un secours, ne devant pas excéder la somme strictement nécessaire pour pourvoir aux dépenses les plus urgentes : frais de funérailles du sociétaire décédé, achat de vêtements de deuil, entretien de la famille pendant les premières semaines qui suivent le décès.

Mais l'adoption de ce critérium soulève une difficulté subsidiaire : quel chiffre devra-t-on choisir et à partir de quelle somme un secours de décès sera-t-il assimilé à une indemnité d'assurance ?

Quelques personnes ont essayé de soutenir, en s'appuyant sur l'article 28 de la loi du 1er avril 1898, que, jusqu'à 3.000 francs, il ne pouvait s'agir que d'un secours au décès.

Il ne paraît pas possible de déduire du texte de l'article 28, qui a pour unique but de priver des subsides de l'Etat les mutualistes auxquels leur situation de fortune permet de verser une cotisation suffisante pour se constituer en cas de décès des capitaux supérieurs à 3.000 francs, qu'une somme inférieure à 3.000 francs ne représente pas une indemnité d'assurance.

D'ailleurs, l'article 9, paragraphe 1er de la loi du 1er avril 1898 vise « les assurances en cas de décès » que les sociétés de secours mutuels sont admises à contracter aux caisses d'assurance instituées par la loi du 11 juillet 1868. Or, les assurances collectives prévues à l'article 7 de cette dernière loi ne peuvent excéder 1.000 francs.

Faut-il, en l'absence de tout critérium d'ordre législatif, envisager individuellement chaque groupement et examiner si, au point de vue de la situation de fortune des membres qui le composent, l'allocation versée constitue un simple secours au décès ou une indemnité d'assurance ?

Cette manière de procéder est théoriquement la plus recom-

---

(1) Le Conseil d'Etat a admis qu'une indemnité fixe de 500 francs pouvait constituer un simple secours en cas de décès. Cont., 10 novembre 1911 (La Fraternelle Lavalloise). -

mandable et doit, semble-t-il, être employée lorsque le recrutement de la société est limité à certaines catégories de personnes dont la situation de fortune peut être aisément déterminée. Mais comme, assez souvent, les associations mutuelles groupent des individus de rang social différent, le ministère de l'Hygiène se place, pour résoudre la difficulté, au seul point de vue de l'ensemble de la clientèle mutualiste et admet, en règle générale, que l'allocation ne doit pas dépasser la somme de 1.000 francs pour pouvoir être considérée comme un simple secours en cas de décès.

CHAPITRE II

Service des funérailles et des secours en cas de décès.

PREMIÈRE SECTION

Payement des frais de funérailles.

Tantôt les sociétés se chargent entièrement des frais des funérailles de leurs membres participants décédés, tantôt elles se bornent à contribuer, dans une limite déterminée, aux dépenses de cet ordre, permettant ainsi aux familles de régler à leur convenance la cérémonie funèbre (1).

Dans l'un et l'autre cas, les dépenses sont soldées directement par la société, à l'aide de ses ressources disponibles.

Dans les campagnes, la plupart des associations mutuelles obligent tous leurs adhérents à assister, sous peine d'amende, aux obsèques des membres participants et des membres honoraires. Pour donner plus de solennité à cet hommage suprême, les statuts de quelques vieilles sociétés règlent minutieusement la tenue des assistants : vêtements de deuil, gants noirs, etc.

Dans les villes, une délégation d'un certain nombre de membres est généralement désignée pour accompagner le convoi des sociétaires défunts.

DEUXIÈME SECTION

Secours en cas de décès.

§ 1. — BÉNÉFICIAIRES DES SECOURS EN CAS DE DÉCÈS

Aux termes de l'article 1er de la loi du 1er avril 1898, les secours mutualistes de décès doivent être exclusivement attribués aux « ascendants, aux veufs, veuves ou orphelins des membres participants » (2). L'Administration ne s'oppose pas toute-

---

(1) L'Administration des finances n'assujettit pas à l'impôt de mutation par décès les allocations pour frais funéraires qui paraissent avoir surtout pour objet d'assurer des obsèques convenables aux sociétaires.
(2) Conseil d'Etat. Cont., 26 avril 1918 (Association syndicale du commerce et de l'industrie).

fois à ce qu'ils soient versés aux autres membres de la famille, quel que soit leur degré de parenté avec le sociétaire décédé.

§ 2. —- Organisation du service des secours en cas de décès

L'organisation du service des secours en cas de décès n'est soumise à aucune règle spéciale; les dépenses de cette catégorie sont soldées à l'aide des ressources générales du groupement et l'Administration ne peut refuser l'approbation à une société de secours mutuels pour le seul motif que ses cotisations sont jugées insuffisantes pour assurer le payement des allocations prévues par les statuts.

En fait, cependant, les associations mutuelles ne sauraient organiser un service important d'allocations en cas de décès que si elles réunissent un effectif de participants suffisant pour les rendre justiciables de la loi des grands nombres.

Les sociétés qui remplissent cette condition essentielle peuvent utiliser, pour calculer leurs cotisations, le tarif des assurances individuelles de la Caisse nationale d'assurance en cas de décès.

§ 3. — Sociétés du franc au décès

On désigne sous le nom de sociétés du franc au décès, des associations qui se proposent de subvenir aux premières dépenses occasionnées par le décès du chef de famille, en allouant à ses ayants droit un capital constitué par la somme des cotisations que les adhérents sont statutairement tenus de verser à . cette fin et qui sont généralement fixées à un franc. Ces cotisations sont le plus souvent recouvrées à l'occasion de chaque décès.

C'est là un système d'assurance qui exerce sur le public un attrait considérable; la foule est séduite par la simplicité du système, par les cotisations particulièrement réduites que versent les adhérents pendant les premières années de fonctionnement de l'association.

Les sociétés du franc au décès constituent cependant, de l'avis de tous les techniciens, un mode tout à fait imparfait d'assurance populaire en cas de décès.

Un rapport du bureau fédéral suisse des assurances en montre, en ces termes, les inconvénients : « Lors même qu'une caisse n'accorde pas l'entrée aux personnes âgées de plus de cinquante ans, ses membres avancent, cependant, de plus en plus, en âge et atteignent les classes d'âge élevées; la mortalité moyenne devient chaque année plus défavorable : elle augmente jusqu'à 2, 2 1/2, voire 3 %, même lorsque les membres décédés sont toujours remplacés encore par des jeunes. Mais cette affluence de jeunes cesse complètement, aussitôt que les frais atteignent ou dépassent 2 1/2 % de la somme assurée; car, invités à entrer dans la caisse, ils répondent évidemment : « Votre assurance est déjà plus chère que celle des grandes compagnies; les frais augmenteront encore : nous préférons naturellement les grandes compagnies »..... Ce sont justement ceux qui ont payé le plus longtemps qui finalement ne reçoivent rien (1) ».

En raison de ces inconvénients, la jurisprudence administrative a beaucoup hésité à accorder aux sociétés du franc au décès le bénéfice des dispositions de la loi du 1er avril 1898.

Au début de l'application de cette loi et à la suite de l'avis émis par le Conseil supérieur de la mutualité, le 22 mars 1901, aux termes duquel « on peut approuver comme société de secours mutuels celle qui a pour but, même unique, de procurer des secours mutuels au décès, variables selon le nombre des membres, soit pour pourvoir aux frais funéraires, soit pour fournir des allocations aux veufs, veuves, ascendants ou orphelins des membres décédés, dans les limites de l'article 28 de la loi du 1er avril 1898, au moyen du versement obligatoire par les survivants de cotisations, uniformes ou proportionnées à l'âge, et fixées d'avance » (2), le bureau des institutions de prévoyance du ministère de l'Intérieur avait permis aux sociétés du franc au décès de fonctionner en qualité de sociétés de secours mutuels libres.

Mais, en 1905, à la suite d'une question qui lui fut posée au Conseil supérieur des sociétés de secours mutuels (3), la Direction de la mutualité adopta une jurisprudence plus restrictive. Désormais les associations ayant pour but exclusif d'assurer une indemnité en cas de mort par le système du franc au décès ne furent plus autorisées à se placer sous le régime de la loi du 1er avril 1898, même en qualité de sociétés libres. Il fut admis

---

(1) Cf. A. PROVOST, *Les sociétés du franc au décès. Revue de la Prévoyance et de la Mutualité*, 1910, pp. 4 et 133. — E. CHEYSSON, *Rapport sur l'assurance au décès. Compte rendu général des travaux du IXe Congrès national de la Mutualité*, Nice, 1907, p. 288. — M. BELLOM, *Les sociétés de prévoyance dites « du franc au décès ». Revue de la Prévoyance et de la Mutualité*, 1912, p. 505.

(2) *Procès-verbaux du Conseil supérieur des sociétés de secours mutuels*, session de mars 1901, p. 45.

(3) *Procès-verbaux du Conseil supérieur des sociétés de secours mutuels*, session de novembre 1904, pp. 31 et 35.

cependant que les sociétés libres et les sociétés approuvées pourraient utiliser ce système lorsque le service des allocations en cas de décès ne constituerait qu'un but accessoire du groupement.

Telles étaient les règles suivies par le département du Travail lorsque la société « la Fraternelle lavalloise », qui se proposait uniquement d'assurer à la famille de ses membres décédés une somme de 500 francs, constituée par le versement de un franc effectué par un certain nombre d'adhérents désignés par roulement, forma un pourvoi devant le Conseil d'Etat contre le refus d'approbation qui lui était opposé par le ministre.

Le Conseil d'Etat, par un arrêt du 10 novembre 1911, admit le recours de l'association. « Il estima, en effet, que le fait, pour la société, de verser une somme déterminée au décès de chacun de ses membres, ne saurait la faire regarder comme pratiquant l'assurance en cas de décès, que cette somme constitue un simple « secours », destiné tant à pourvoir aux frais des funérailles qu'à venir en aide aux ayants droit des adhérents décédés; que ces secours rentrent ainsi dans les buts que peuvent, d'après l'article 1er de la loi du 1er avril 1898, se proposer d'atteindre les sociétés de secours mutuels. » Il considéra, en outre, que l'article 4 des statuts de la Fraternelle lavalloise, « en fixant à un franc la somme que chaque adhérent doit verser en cas de décès d'un de ses membres, a déterminé le montant des cotisations; que si, par suite de l'effet du roulement et du chiffre variable des décès des adhérents, le nombre des versements effectués dans le cours d'une année se trouve indéterminé, cette circonstance ne saurait faire regarder l'article 4 des statuts comme contraire à l'article 5, 5°, de la loi du 1er avril 1898; qu'il suffit, pour qu'il soit satisfait aux prescriptions législatives, que les statuts, comme dans l'espèce, fassent connaître aux adhérents les charges auxquelles ils doivent faire face et les bases d'après lesquelles ils peuvent être appelés à y contribuer. »

La question se posa alors de savoir si l'interprétation de la loi du 1er avril 1898 donnée par le Conseil d'Etat dans l'affaire de « la Fraternelle lavalloise », c'est-à-dire à l'occasion d'une société du franc au décès assurant une indemnité fixe, devait ou non être étendue à toutes les sociétés du genre, en particulier aux associations qui allouent un secours variable suivant le nombre de leurs adhérents.

Le comité du contentieux du ministère du Travail, consulté sur ce point, émit, le 11 novembre 1912, l'avis que toutes les sociétés du franc au décès, qu'elles assurent une indemnité fixe ou une indemnité variable suivant le nombre des participants, doivent être admises à fonctionner en qualité de société de secours mutuels « si les circonstances de l'espèce indiquent bien que la somme versée a réellement le caractère d'un secours.»

Conformément à l'arrêt du Conseil d'Etat et à l'avis du comité du contentieux, le département de l'Hygiène, de l'Assistance et de la Prévoyance sociales autorise désormais les associations du franc au décès à se placer sous le régime de la loi du 1ᵉʳ avril 1898 toutes les fois qu'il est possible de considérer l'indemnité allouée comme un simple secours en cas de décès (1).

§ 4. — ORPHELINATS MUTUALISTES

Malgré l'importance des allocations que certains orphelinats accordent à leurs pupilles, ces institutions doivent être classées dans la catégorie des sociétés qui accordent des secours en cas de décès; il serait contraire à la tradition mutualiste de traiter ces œuvres comme des sociétés d'assurance et de les obliger à organiser des caisses autonomes.

Les orphelinats mutualistes viennent en aide aux orphelins de leurs membres participants en leur accordant une mensualité destinée à assurer leur existence et leur éducation jusqu'à l'âge où ils peuvent subvenir à leurs besoins.

En ce qui concerne l'éducation de leurs pupilles, les orphelinats adoptent généralement le système familial, confiant l'enfant à un membre de sa famille ou à une famille mutualiste honorable. Quelques sociétés ont fondé des maisons d'éducation spéciales, pour les orphelins qui ne peuvent être élevés par leurs parents.

L'organisation financière d'un orphelinat soulève, au point de vue technique, de sérieuses difficultés. Dans la pratique, ces œuvres comptent sur certaines ressources extraordinaires, telles que dons, subventions, produits de fêtes, pour assurer l'équilibre de leurs recettes et de leurs dépenses. Aussi prennent-elles souvent la précaution d'indiquer dans leurs statuts que les secours ne sont assurés que dans la limite des ressources disponibles.

---

(1) Le Conseil d'Etat a admis qu'une indemnité de 10.000 francs, versée par une société de secours mutuels constituée entre commerçants et industriels parisiens, revêtait les caractères d'un simple secours en cas de décès. Conseil d'Etat. Cont., 26 avril 1918. (Association syndicale du Commerce et de l'Industrie.)

CHAPITRE III

L'assurance en cas de décès.

---

§ 1ᵉʳ. — Des bénéficiaires des assurances mutualistes
en cas de décès

Pendant longtemps, la jurisprudence administrative, assimilant l'indemnité d'assurance en cas de décès au secours de décès, a décidé que seuls les membres de la famille du sociétaire défunt pourraient en obtenir le payement.

Mais une analyse plus complète de l'article 1ᵉʳ de la loi de 1898 a fait ressortir que ce texte n'enlevait pas aux sociétés la faculté de réaliser leurs opérations d'assurance dans les conditions générales du droit commun (1) et que, par suite, les mutualistes pouvaient attribuer le bénéfice de leurs contrats même à des personnes étrangères à leur famille.

Aussi, l'Administration admet-elle, depuis quelques années, que les principes généraux des assurances sont applicables à l'assurance mutualiste (2), en ce qui concerne l'attribution et la transmission du bénéfice et la désignation du bénéficiaire (3).

§ 2. — Assurances en cas de décès
contractées a la Caisse nationale d'assurances
en cas de décès

Les sociétés de secours mutuels libres, approuvées et reconnues d'utilité publique, sont admises à contracter, au profit de

---

(1) Porte, *L'assurance au décès*, *L'avenir de la Mutualité*, n° du 27 novembre 1909.

(2) L'impôt de mutation par décès est dû par le bénéficiaire à titre gratuit de l'indemnité d'assurance (article 6 de la loi du 21 juin 1875). L'Administration des finances considère toutefois que les obligations imposées aux compagnies d'assurance par l'article 15 de la loi du 25 février 1901, en ce qui concerne le payement des droits de mutation par décès, ne sont pas applicables aux sociétés de secours mutuels.

(3) La loi du 8 décembre 1904 interdit l'assurance en cas de décès des enfants de moins de 12 ans.

leurs adhérents, à la Caisse nationale d'assurance en cas de décès, instituée par la loi du 11 juillet 1868 et placée sous la garantie de l'Etat : 1° des assurances collectives annuelles en cas de décès; 2° des assurances individuelles en cas de décès, viagères ou temporaires; 3° des assurances mixtes.

1° Assurances collectives annuelles en cas de décès.

Les articles 7 de la loi du 11 juillet 1868 et 9 de la loi du 1ᵉʳ avril 1898, autorisent les sociétés de secours mutuels libres et approuvées à contracter, à la Caisse nationale d'assurance en cas de décès, des assurances collectives annuelles en vue de s'assurer, au décès de chacun de leurs sociétaires, une somme fixe, qui, dans aucun cas, ne peut excéder 1.000 francs.

L'assurance collective doit comprendre tous les membres de la société, âgés de 12 à 94 ans, sans exception; elle est d'une somme égale pour tous les participants (1). Néanmoins, la Caisse nationale peut autoriser l'élimination des femmes et des enfants admis dans la société à des conditions autres que celles des membres participants proprement dits ou leur assurance pour une somme différente.

Pendant longtemps le montant des primes d'assurances collectives, à payer par les sociétés de secours mutuels, a été établi en tenant compte uniquement des intérêts des versements effectués et des chances de mortalité des assurés calculées d'après la table Deparcieux. Mais les associations mutuelles ne manquaient point au bout de quelques années d'assurance, de comparer les sommes versées par elles aux sommes encaissées, et elles ne renouvelaient leurs contrats que lorsqu'elles y trouvaient avantage; on vit les sociétés à mortalité faible déserter la Caisse nationale, qui n'assura plus désormais que les groupements à mortalité élevée.

Pour obvier à cet état de choses, qui entraînait pour la caisse des pertes importantes, un décret du 28 novembre 1890 décida que le taux des primes serait augmenté ou diminué conformément à un coefficient de mortalité spécial déduit, pour chaque société, de sa mortalité moyenne constatée au cours des cinq dernières années d'assurance, qu'elles soient consécutives ou non.

Après approbation, par le ministre, de la proposition d'assu-

---

(1) Conseil d'Etat, Cont., 7 juin 1913 (Caisse pour les veuves et les orphelins des vétérans des armées de terre et de mer).

rance établie par le président de la société, la Caisse des dépôts et consignations fait connaître à ce dernier le montant des primes collectives dont il doit assurer le versement, ainsi que la date avant laquelle ce versement doit être effectué.

Le payement des sommes dues après le décès d'un participant est effectué à la société assurée sur la signature du trésorier, dûment autorisé à cet effet.

Le système des assurances collectives annuelles ne donne pas aux sociétés qui l'adoptent la garantie absolue qu'elles pourront tenir les engagements pris vis-à-vis de leurs participants.

En effet, le plus souvent, les associations mutualistes assurent leurs membres pour la vie entière. Or, les assurances qu'elles contractent à la Caisse nationale sont annuelles; il peut donc arriver que, par suite d'une mortalité effective supérieure à la mortalité prévue lors du calcul du taux des cotisations, les ressources sociales deviennent insuffisantes pour assurer le payement régulier des primes dues à la Caisse nationale; la société, pour faire face à ses engagements, devra relever le chiffre de la cotisation viagère prévue par ses statuts.

En définitive, l'assurance collective annuelle, telle qu'elle est pratiquée dans la mutualité, n'a d'autre objet que « de garantir les sociétés contre les années calamiteuses qui feraient brèche dans leurs finances » (1).

2° *Assurances individuelles en cas de décès pour la vie entière.*

La Caisse nationale d'assurance en cas de décès consent des contrats d'assurance pour la vie entière ayant pour objet de payer, aussitôt après le décès de chaque assuré, à ses héritiers ou ayants droit, un capital qui peut atteindre 3.000 francs.

L'assurance est consentie moyennant le payement d'une prime unique ou de primes annuelles, qui peuvent être stipulées payables jusqu'au décès ou pendant un nombre déterminé d'années, l'assuré pouvant, à toute époque, en anticiper le payement (2).

Elle peut être contractée avec ou sans visite médicale.

3° *Assurances mixtes.*

La Caisse nationale d'assurance en cas de décès consent des

---

(1) A. DELATOUR. V° Caisse nationale d'assurance. BLOCH, *Dictionnaire d'administration française.*
(2) Art. 12 du décret du 10 août 1868.

contrats d'assurance mixte, qui participent à la fois de l'assurance en cas de décès et de l'assurance en cas de vie. Ils ont pour objet le payement d'un capital déterminé, pouvant atteindre 3.000 francs, soit aux assurés eux-mêmes s'ils sont vivants à une époque fixée d'avance, soit à leurs ayants droit, et aussitôt après le décès, si les assurés meurent avant cette époque (1).

Les assurances mixtes peuvent être contractées moyennant le payement soit d'une prime unique, soit de primes annuelles payables pendant toute la durée de l'assurance ou pendant une durée moindre.

L'assurance n'est consentie qu'après un examen médical opéré par un médecin assermenté, désigné par le préfet. Elle produit son effet à partir du versement de la première prime.

§ 3. — ASSURANCES EN CAS DE DÉCÈS
CONTRACTÉES A UNE ENTREPRISE PRIVÉE
ASSUJETTIE AU CONTROLE DE L'ETAT

Il est admis que les sociétés de secours mutuels libres et approuvées peuvent contracter leurs assurances en cas de décès à des entreprises privées d'assurances assujetties au contrôle de l'Etat (2).

Les associations mutualistes ont donc la possibilité, en s'adressant aux compagnies privées, d'utiliser les diverses combinaisons d'assurances en cas de décès que ces entreprises offrent au public.

§ 4. — CAISSES AUTONOMES D'ASSURANCES EN CAS DE DÉCÈS

Toutes les associations placées sous le régime de la loi du 1er avril 1898 peuvent organiser des caisses autonomes d'assurances en cas de décès, qui fonctionnent dans les mêmes conditions que les caisses autonomes de retraites (3). Elles doivent toutefois réunir un effectif minimum de 3.000 adhérents (4).

On s'est demandé si une seule caisse autonome d'assurance en cas de décès pouvait pratiquer l'assurance mixte, qui constitue à la fois une assurance en cas de vie et une assurance en

---

(1) Article 1er de la loi du 17 juillet 1897.
(2) Ce droit leur est expressément reconnu par les statuts-modèles (art. 48, note 4).
(3) Voir n. 82.
(4) Art. 2 du décret du 25 mars 1901

cas de décès. En effet, aux termes de l'article 1er du décret du 25 mars 1901, « les caisses autonomes ont exclusivement pour but, soit la constitution de pensions de retraites, soit l'assurance en cas de vie, de décès ou d'accidents. Il doit y avoir une caisse distincte pour chacune de ces catégories d'opérations ». Cependant comme, à toute époque, la tradition actuarielle et technique a considéré que, dans l'assurance mixte, c'est, de beaucoup, le caractère de l'assurance au décès qui prédomine, il semble que l'assurance mixte doive être assimilée à une assurance en cas de décès et que, par conséquent, une société de secours mutuels puisse la réaliser par l'intermédiaire d'une caisse autonome unique.

CINQUIÈME PARTIE

L'ASSURANCE EN CAS DE VIE

CHAPITRE UNIQUE

L'assurance de capitaux différés.
Son but et son organisation.

L'assurance de capitaux différés a pour objet le payement d'une somme déterminée en cas de survie de l'assuré à un âge également déterminé.

L'entrée en jouissance du capital peut ne pas être fixée à une date certaine et dépendre d'un événement tel que la libération du service militaire ou le mariage; dans ce cas, si la date du payement du capital n'est pas arrêtée d'avance, elle est cependant indépendante de la volonté des parties; on peut admettre, en effet, que le désir de toucher la dot ne constitue pas la cause déterminante du mariage.

L'assurance de capital différé permet soit de former des dotations, destinées à faciliter l'établissement des enfants, soit d'amasser un capital pour l'époque où l'assuré devra renoncer au travail, ce capital pouvant servir à la constitution d'une rente viagère, à l'acquisition d'une habitation à bon marché, à l'institution d'un bien de famille insaisissable, etc. (1).

L'Administration, pour éviter que la disposition inscrite à l'article 23 de la loi du 1ᵉʳ avril 1898 ne fût tournée par la conversion de capitaux différés en rentes viagères, entendait exiger, des bénéficiaires d'assurances en cas de vie, un minimum de cinquante ans d'âge et de quinze années de sociétariat. Le Conseil supérieur des sociétés de secours mutuels consulté, fit observer que les minima prévus aux articles 23 et 25 pour les pensions alimentées par le fonds commun et pour les allocations annuelles

---

(1) Au 1ᵉʳ janvier 1914, 19 sociétés pratiquaient à titre exclusif l'assurance de capitaux différés ; 15 d'entre elles se proposaient de doter leurs membres participants.

ne figurent pas dans l'article 24, concernant les pensions constituées à l'aide du livret individuel; qu'il existe, par suite, des moyens multiples de se constituer une retraite avant cinquante ans d'âge et quinze ans de sociétariat et que l'on ne saurait supprimer arbitrairement l'un d'eux alors que les autres subsistent nécessairement (1).

Les sociétés de secours mutuels peuvent contracter leurs assurances de capitaux différés soit à la Caisse nationale d'assurance en cas de décès, soit à une compagnie française d'assurance sur la vie; elles peuvent aussi réaliser directement l'opération d'assurance en organisant une caisse autonome fonctionnant dans les conditions du décret du 25 mars 1901.

§ 1er. — Assurances de capitaux différés
contractées a la Caisse nationale d'assurance
en cas de décès

Les contrats d'assurance de capital différé consentis par la Caisse nationale d'assurance en cas de décès ont pour but le payement d'un capital en cas de vie de l'assuré à un âge fixé au plus tard à soixante-cinq ans (2).

L'assurance ne peut pas être contractée pour une durée inférieure à cinq ans et le capital assuré sur une même tête ne peut excéder 5.000 francs.

Les versements sont facultatifs; ils sont reçus à toute époque à partir de 1 franc et sans fraction de franc sous condition d'aliénation ou de réserve. Les versements aliénés restent acquis à la Caisse nationale si le décès de l'assuré survient avant le terme du contrat; les versements réservés, au contraire, sont remboursés sans intérêts, soit aux héritiers ou ayants droit de l'assuré, soit au donateur ou à ses héritiers ou ayants droit. Le déposant peut effectuer ses versements à des intervalles aussi rapprochés qu'il le désire; il peut les interrompre à son gré sans encourir aucune déchéance.

Les propositions d'assurance faites à la Caisse nationale donnent lieu à la délivrance d'un livret-police sur lequel est inscrit chaque versement par le comptable qui reçoit les fonds.

---

(1) *Procès-verbaux du Conseil supérieur des sociétés de secours mutuels.* Session de mars 1908, p. 20.
(2) Loi du 9 mars 1910.

§ 2. — Assurances de capitaux différés
Contractées a une compagnie française d'assurances
sur la vie

Les sociétés françaises d'assurance sur la vie consentent des contrats d'assurance dotale avec ou sans contre-assurance.

§ 3. — Caisses autonomes d'assurance en cas de vie

Les caisses autonomes d'assurance en cas de vie, pour être autorisées à fonctionner conformément aux prescriptions du décret du 25 mars 1901, doivent réunir un effectif minimum de 2.000 adhérents.

SIXIÈME PARTIE

L'ASSURANCE EN CAS D'ACCIDENT

CHAPITRE UNIQUE

L'assurance de capitaux en cas d'accidents.

On a déjà indiqué comment la mutualité garantissait ses adhérents contre l'invalidité temporaire résultant d'un accident en leur accordant les secours médicaux et pharmaceutiques et une indemnité quotidienne; il reste à exposer comment elle leur assure des capitaux en cas d'accident ayant entraîné la mort ou une incapacité permanente de travail.

§ 1er. — ACCIDENTS NON RÉGIS PAR LA LOI DU 9 AVRIL 1898

Les sociétés de secours mutuels peuvent assurer leurs adhérents en cas d'accident non régi par la loi du 9 avril 1898, concernant les responsabilités des accidents dont les ouvriers sont victimes dans leur travail, soit en contractant des assurances à la Caisse nationale d'assurance en cas d'accident ou à une compagnie française d'assurance, soit en organisant une caisse autonome dans les conditions prévues par le décret du 25 mars 1901.

La Caisse nationale d'assurance en cas d'accident, créée par la loi du 11 juillet 1868, fonctionne sous la garantie de l'Etat. Elle consent aux sociétés de secours mutuels des assurances individuelles ou collectives au profit de ceux de leurs adhérents qui sont chefs d'entreprises industrielles ou agricoles, employés ou ouvriers de ces entreprises.

Ces assurances sont annuelles et faites moyennant le versement de cotisations de 8, 5 ou 3 francs, au choix de la société.

En cas d'accident ayant entraîné une incapacité absolue de tout travail, une pension viagère calculée sur la base d'un capital égal à 640 fois la cotisation annuelle est constituée, au profit de l'assuré, à la Caisse nationale des retraites pour la vieillesse.

Les pensions allouées pour les accidents entraînant une incapacité permanente de la profession sont moitié de celles ci-dessus.

En cas de mort par suite d'accident, des secours, payables en deux annuités, sont alloués à la veuve de l'assuré ou, s'il est célibataire ou veuf sans enfants, à son père ou à sa mère sexagénaire.

§ 2. — ACCIDENTS DU TRAVAIL

La loi du 9 avril 1898, dans son article 27, soumet les sociétés privées d'assurances, à primes ou mutuelles, qui pratiquent l'assurance des accidents régis par cette loi, à un régime particulier de surveillance et de contrôle et les oblige, notamment, à déposer un cautionnement.

Les sociétés de secours mutuels qui se proposeraient d'assurer leurs membres contre les accidents régis par la loi du 9 avril 1898 ou les lois subséquentes ayant entraîné une incapacité permanente de travail ou la mort doivent donc s'adresser à une entreprise privée assujettie au contrôle de l'Etat. Les caisses autonomes qu'elles pourraient organiser, en vue d'assurer directement le même risque, seraient soumises au contrôle et à la surveillance de l'Etat et astreintes au dépôt d'un cautionnement dans les conditions prévues par la loi du 9 avril 1898 et le décret du 28 février 1899.

SEPTIÈME PARTIE

L'ASSURANCE EN CAS DE CHOMAGE INVOLONTAIRE
PAR MANQUE DE TRAVAIL

CHAPITRE UNIQUE

Allocations de chômage. — Placement.
Cours professionnels.

---

§ 1er. — ALLOCATIONS DE CHOMAGE

A côté des risques d'origine physiologique — maladies, accidents, vieillesse, décès — qui atteignent la classe ouvrière, il en est un, d'ordre économique, qui n'est pas moins redoutable : le chômage involontaire par manque de travail, qui prive le travailleur de son salaire et le déprime physiquement et moralement.

On rencontre, dès le début du XIXᵉ siècle, quelques mutualités qui accordent à leurs adhérents, en dehors des indemnités de maladie, des allocations en cas de chômage involontaire par manque de travail. Toutefois des dispositions de cette nature sont exceptionnelles dans les statuts des associations mutualistes, l'autorité administrative étant nettement défavorable, pour des raisons politiques, à l'attribution, par les sociétés de secours mutuels, de secours de chômage.

Le premier texte du projet qui est devenu la loi du 1er avril 1898 permettait seulement aux groupements mutualistes de créer ou de gérer gratuitement, au profit de leurs membres, des offices gratuits de placement. M. Jourde proposa, lors de la première délibération (1), d'autoriser les sociétés de secours mutuels à accorder des allocations en cas de chômage. Le rap-

---

(1) *Journal officiel*. Chambre des députés, Débats parlementaires, 1896, p. 439.

porteur, M. Audiffred, fit observer qu'aucune statistique ne permettait de calculer le montant de la prime à payer pour s'assurer contre le risque économique de chômage et que, dès lors, il était à craindre qu'en élargissant ainsi le cadre des associations mutuelles, on ne les incitât à céder à des entraînements qui pourraient amener leur ruine. A la suite de ces observations, la Chambre des députés repoussa l'amendement de M. Jourde.

Mais la Commission se ravisa et proposa, en deuxième lecture, le texte suivant (1), qui est devenu le paragraphe 2 de l'article 1ᵉʳ de la loi du 1ᵉʳ avril 1898 : « Les sociétés de secours mutuels peuvent, en outre, accessoirement créer au profit de leurs membres des cours professionnels, des offices gratuits de placement et accorder des allocations en cas de chômage, à la condition qu'il soit pourvu à ces trois ordres de dépenses au moyen de cotisations ou de recettes spéciales. »

Ainsi les associations mutuelles peuvent assurer leurs membres contre le chômage involontaire par manque de travail à la double condition : 1° qu'il soit pourvu à cet ordre de dépenses à l'aide de cotisations ou de recettes spéciales ; 2° que ces opérations ne constituent, pour l'institution, qu'un service accessoire.

Les dépenses de chômage doivent être réglées à l'aide de cotisations ou de recettes spéciales. Il en résulte que les recettes et les dépenses de ce service doivent faire l'objet d'une comptabilité et d'une caisse à part. Ainsi les intérêts des services proprement mutualistes des sociétés de secours mutuels se trouvent sauvegardés, puisque les administrateurs de ces groupements ne peuvent affecter au payement des allocations de chômage les ressources ordinaires de l'association.

Le service des allocations en cas de chômage doit être l'accessoire d'un service proprement mutualiste — maladie, vieillesse, décès, etc. — L'Administration supérieure en déduit qu'une société de secours mutuels ne saurait se proposer uniquement comme but l'assurance contre le chômage ni recevoir des adhérents exclusivement en vue de ce service, ni affecter aux dépenses de cet ordre des sommes supérieures ou même égales aux ressources employées aux secours mutualistes ordinaires.

Le seul risque que les mutualistes puissent assurer est le risque de chômage involontaire par manque de travail (2) ; elles ne

---

(1) *Journal officiel.* Chambre des députés, Débats parlementaires, 1897, p. 1219.
(2) Conseil d'Etat, Cont., 2 février 1912 (société « l'Union de la Carrosserie »).

peuvent, par conséquent, allouer des subsides à leurs adhérents convoqués sous les drapeaux, appelés à prendre part aux opérations d'un jury criminel, etc., en raison du chômage forcé qu'ils subissent.

Les sociétés de secours mutuels viennent en aide aux chômeurs soit en leur allouant des secours de route ou de déplacement, soit en leur assurant une indemnité quotidienne en argent pendant une durée déterminée.

§ 2. — OFFICES GRATUITS DE PLACEMENT

Les sociétés de secours mutuels qui secourent les chômeurs s'efforcent généralement de leur trouver un emploi. En outre, il existe un assez grand nombre d'associations qui, bien que n'accordant pas des allocations de chômage, se proposent cependant de placer leurs adhérents sans travail.

Tantôt le service de placement est établi de façon rudimentaire; tantôt les sociétés organisent de véritables offices gérés, sous la direction du Conseil d'administration, par des employés et des agents rétribués.

L'office de placement ne peut constituer qu'un service mutualiste accessoire, aux dépenses duquel il doit être pourvu à l'aide de ressources spéciales.

Le placement doit être gratuit; en dehors de la cotisation prévue par les statuts, aucune rémunération spéciale ne peut être exigée des sociétaires sans travail.

La loi du 14 mars 1904 a dispensé de la formalité de l'autorisation municipale, exigée par l'article 1er du décret du 25 mars 1852, les bureaux de placement créés par les sociétés de secours mutuels (1); toutefois elle les a astreints au dépôt d'une déclaration préalable effectuée à la mairie de la commune où ils sont établis. La déclaration doit être renouvelée à chaque changement de local du bureau (2).

§ 3. — COURS PROFESSIONNELS

La loi du 1er avril 1898 autorise les sociétés de secours mutuels à organiser accessoirement des cours professionnels pour leurs adhérents, à la condition que les dépenses de cette nature soient soldées à l'aide de cotisations ou de recettes spéciales.

---

(1) Art. 2 de la loi du 14 mars 1904.
(2) Art. 3 de la même loi.

HUITIÈME PARTIE

LA MUTUALITÉ ET LES HABITATIONS A BON MARCHÉ

CHAPITRE UNIQUE

Participation de la mutualité à l'œuvre du logement salubre et à bon marché.

De nombreuses enquêtes sanitaires ont montré que l'insalubrité de l'habitation accroissait considérablement la morbidité et la mortalité générale. Une statistique dressée par le bureau d'hygiène du Havre a permis de constater que, dans certaines maisons de cette ville, la mortalité s'était élevée à 80 pour 1.000 par an, alors que, dans d'autres, elle atteignait à peine 12 à 15 pour 1.000 (1). Certes, il est possible d'incriminer, à côté de l'insalubrité de l'habitation, d'autres causes de déchéance physiologique, telles que l'alcoolisme, l'avarie, la misère, etc. Mais, à l'heure actuelle, on peut considérer comme scientifiquement établi que le logement suspect, c'est-à-dire la maison mal éclairée, mal aérée, exerce une influence prépondérante sur l'état sanitaire de ses habitants.

Les associations de prévoyance qui pratiquent l'assurance en cas de maladie sont donc intéressées au premier chef à ce que leurs adhérents habitent des logements hygiéniques et il était naturel que le Parlement associât la mutualité à l'œuvre des habitations salubres à bon marché.

La législation en vigueur permet aux sociétés de secours mutuels de contribuer à l'amélioration du logement populaire soit en construisant ou en acquérant des maisons individuelles ou collectives à bon marché régies par la loi du 12 avril 1906, soit en faisant des prêts à leurs adhérents, en vue de les mettre en possession d'une petite propriété, par application de la loi du 10 avril 1908.

---

(1) SIEGFRIED. *Les habitations à bon marché. Les applications sociales de la solidarité*, Paris, 1904, p. 217.

§ 1ᵉʳ. — Acquisition et construction d'habitations
a bon marché

Sous le régime légal actuel, les sociétés de secours mutuels libres ne sont pas autorisées à posséder des immeubles; elles ne peuvent donc participer qu'indirectement à l'œuvre des habitations à bon marché, en souscrivant des actions ou des obligations d'une société d'habitations à bon marché existante et en stipulant des facilités de location spéciales au profit de leurs membres.

Les sociétés approuvées ont le droit d'acquérir, à l'aide de leurs fonds libres et jusqu'à concurrence des trois quarts de leur avoir, des terrains pour y faire construire des habitations individuelles ou collectives à bon marché; elles ont aussi la faculté de placer en habitations à bon marché la partie de leur fonds commun inaliénable existant au jour de la promulgation de la loi du 1ᵉʳ avril 1898 (1).

Peu de sociétés ont usé de leur droit d'acquérir ou de faire construire des habitations à bon marché. Le placement en immeubles ne va pas sans entraîner certains risques que les groupements mutualistes ont préféré jusqu'ici éviter.

§ 2. — La mutualité et la petite propriété

Pour associer plus étroitement les sociétés de secours mutuels à l'œuvre du logement populaire et de la petite propriété, la loi du 21 mars 1913 a permis aux associations mutualistes de recevoir des avances de l'Etat, dans les mêmes conditions que les sociétés de crédit immobilier régies par la loi du 10 avril 1908, en vue de consentir à leurs membres des prêts hypothécaires individuels destinés soit à l'acquisition de champs ou jardins, soit à l'acquisition ou à la construction de maisons individuelles à bon marché.

Les associations mutualistes, désireuses de faire bénéficier leurs adhérents des avantages de la loi du 10 avril 1908, doivent voter une délibération spéciale à cet effet, en assemblée générale réunissant la moitié au moins des membres de la société, présents ou représentés, le vote intervenant à la majorité des trois quarts des voix.

------

(1) Les opérations dont il s'agit doivent être réalisées dans les conditions prévues par l'article 20 de la loi du 1ᵉʳ avril 1898, relatif au placement des fonds des sociétés de secours mutuels approuvées.

Elles doivent, en outre, être autorisées par arrêté du ministre de l'Hygiène sociale à recevoir des avances de l'Etat dans les mêmes conditions que les sociétés de crédit immobilier.

Lorsqu'elles ont reçu cette autorisation, elles sont tenues de déposer à la Caisse des dépôts et consignations un cautionnement de 100.000 francs. Les sociétés libres doivent constituer ce cautionnement en valeurs de l'Etat ou garanties par l'Etat. Les sociétés approuvées ou reconnues d'utilité publique peuvent y affecter les fonds déposés par elles à la Caisse des dépôts et consignations en compte courant disponible sans que ces fonds cessent de bénéficier du taux d'intérêt de faveur de 4 1/2 %.

Les sociétés ainsi habilitées peuvent recevoir de l'Etat des avances portant intérêt à 2 %, remboursables d'après un tableau d'amortissement dressé par la Caisse des dépôts et consignations.

Ces avances sont exclusivement destinées à permettre aux sociétés de consentir à leurs adhérents, à un taux d'intérêt qui ne peut dépasser 2,25 %, des prêts hypothécaires individuels affectés :

1° Soit à l'acquisition d'un champ ou jardin n'excédant pas un hectare, dont le prix, frais compris, ne dépasse pas 1.200 fr., l'acquéreur devant s'engager à cultiver lui-même ou à faire cultiver par les membres de sa famille;

2° Soit à l'acquisition ou à la construction d'une maison individuelle à bon marché régie par la loi du 12 avril 1906.

NEUVIEME PARTIE

LA MUTATION ET LA MISE EN SUBSISTANCE

CHAPITRE UNIQUE

Mesures prises par les associations mutualistes pour secourir leurs membres qui changent de résidence ou de domicile.

La circonscription territoriale des sociétés de secours mutuels qui assurent leurs adhérents contre le risque de maladie de courte durée ne dépasse généralement pas le canton ou même la commune. Le membre participant obligé de quitter soit temporairement, soit définitivement, le territoire sur lequel rayonne l'association dont il fait partie, se trouve donc généralement privé *ipso facto* des secours sociaux.

Les sociétés de secours mutuels se sont, depuis longtemps, préoccupées (1) de sauvegarder les intérêts mutualistes de ceux de leurs membres qui déplacent leur domicile.

Lorsque aucune société mutuelle ne fonctionne dans la commune où le participant établit sa nouvelle résidence, il n'existe pas de moyen pratique de lui assurer des secours en cas de maladie.

Au contraire, lorsque fonctionne dans cette localité un groupement pratiquant l'assurance-maladie, il est possible de lui conserver les avantages résultant de son affiliation à la mutualité.

Deux procédés sont utilisés concurremment par les sociétés de secours mutuels pour atteindre ce résultat : la mutation, qui consiste dans le passage du participant dans la société de sa nouvelle résidence, avec tous les droits et obligations des membres de cette société; la mise en subsistance, qui maintient le

---

(1) *Rapport sur les opérations des sociétés de secours mutuels*, année 1862, p. 12.

sociétaire sur les contrôles de sa société d'origine et lui assure les divers secours prévus par les statuts par l'intermédiaire de la société de sa nouvelle résidence.

§ 1ᵉʳ. — MUTATION

L'affiliation d'un mutualiste, obligé de changer de domicile, à une société de secours mutuels ayant son siège dans la commune de son second domicile, si elle n'assure pas à l'intéressé, en raison de la diversité des avantages accordés en cas de maladie ou de vieillesse par les groupements mutualistes, des secours identiques à ceux qu'il recevait précédemment, lui permet cependant de continuer à faire acte de prévoyant et de prendre une part effective à la gestion du nouvel organisme dont il fait partie.

Mais cette opération soulève, dans la pratique, de sérieuses difficultés. En effet : 1° toutes les sociétés de secours mutuels qui assurent leurs membres en cas de maladie fixent une limite d'âge pour l'admission des nouveaux adhérents; 2° elles exigent généralement le payement de droits d'entrée proportionnels à l'âge des candidats; 3° elles les obligent parfois à fournir un certificat médical; 4° enfin un certain nombre d'associations se recrutent parmi des catégories professionnelles bien déterminées.

Il est donc indispensable, pour que la mutation puisse s'opérer dans tous les cas, que les statuts des associations mutualistes prévoient qu'il pourra être dérogé aux diverses conditions exigées pour l'admission des nouveaux membres en ce qui concerne les candidats venant d'une société avec laquelle des arrangements spéciaux ont été pris.

Les statuts d'un assez grand nombre d'associations mutualistes prévoient la conclusion de pareils accords. Il ne semble pas toutefois que, en fait et en raison sans doute du caractère sédentaire de la clientèle mutualiste, il ait été conclu beaucoup de conventions de cette nature.

§ 2. — MISE EN SUBSISTANCE

La mise en subsistance a pour but de maintenir dans les cadres de sa société d'origine le membre participant obligé de changer momentanément de résidence. Elle permet à l'adhérent éloigné, admis à la subsistance dans un autre groupement :
1° de recevoir les secours médicaux et pharmaceutiques et l'in-

demnité journalière assurés par la société mère ; 2° de conserver son rang dans son ancienne société au point de vue des
droits à la retraite.

La mise en subsistance est pratiquement réalisée par le moyen
de conventions particulières conclues soit directement entre les
sociétés de secours mutuels intéressées, soit par l'intermédiaire
d'une union de sociétés. A cet effet, les statuts de la plupart
des unions départementales obligent les associations adhérentes
à admettre en subsistance les membres de toutes les sociétés
faisant partie de l'union. Il est possible, en outre, d'organiser
dans les grands centres des groupements qui s'occupent exclusivement d'assurer la mise en subsistance des mutualistes venus
du dehors.

Le procédé habituellement utilisé pour la mise en subsistance
est le suivant : la société adoptive ouvre un compte de dépenses
et de recettes au nom du subsistant. En cas de maladie, la
société adoptive accorde les secours au participant conformément aux statuts de la société mère et règle avec cette dernière
à intervalles réguliers, tous les trois mois par exemple.

La mise en subsistance n'exige, pour son application, aucune
disposition spéciale des statuts sociaux ; elle est directement
réalisée par les groupements intéressés, sans aucune intervention de l'autorité administrative.

Les congrès nationaux de Nice et de Nancy se sont préoc-
cupés de développer dans la mutualité la pratique de la mise
en subsistance. A la suite de ses travaux sur cette question, le
congrès de Nancy de 1909 a émis le vœu suivant :

« La sous-commission, chargée d'étudier la question de la
mise en subsistance a, au cours des discussions qui ont eu lieu,
constaté avec regret qu'un certain nombre de mutualistes, pour
des causes diverses, changement d'atelier ou changement de
domicile surtout, étaient abandonnés par les sociétés qui les
avaient enrôlés dans leur sein.

« Elle estime que cette situation ne saurait durer plus longtemps.

« Elle prie donc le congrès d'émettre le vœu que des mesures
légales soient prises pour que les sociétés n'abandonnent jamais
leurs sociétaires et qu'elles soient conséquemment obligées, tout
en sauvegardant les droits des intéressés, de mettre en pratique, selon les cas qui se produisent, soit la mise en subsistance,
soit la mise en surveillance. »

TITRE III

Les encouragements accordés par l'Etat à la mutualité.

CHAPITRE PREMIER

Fondement et origine des encouragements accordés par l'État aux sociétés de secours mutuels.

L'Etat a le devoir d'encourager les institutions de prévoyance qui, en accroissant le bien-être et la sécurité des citoyens, contribuent à augmenter la prospérité nationale. Il a un intérêt tout particulier à développer les sociétés de secours mutuels puisque, en secourant les malades, les vieillards ou les infirmes, elles diminuent le nombre des indigents et réduisent les dépenses du budget de l'Assistance publique (1).

Ces considérations ne suffiraient pas cependant à expliquer entièrement le régime actuel des subventions et privilèges accordés par l'Etat aux associations mutualistes; elles conduisent, en effet, à faire bénéficier d'avantages identiques les sociétés de secours mutuels qui assurent les mêmes services, sans distinguer entre les sociétés approuvées et les sociétés libres. Or, le régime en vigueur réserve, en principe, les encouragements de l'Etat aux associations approuvées ou déclarées d'utilité publique. Pour découvrir les raisons de cette anomalie, on est obligé de remonter aux origines de la législation mutualiste.

Après le coup d'Etat du 2 décembre, le Président de la République, « frappé des avantages de la Mutualité, avait estimé qu'en groupant les travailleurs et en leur permettant de s'assurer contre les éventualités malheureuses, non seulement on contribuerait à l'amélioration du sort des classes laborieuses, mais encore on les empêcherait de verser dans la politique révolutionnaire. Il fallait donc, d'une part, poursuivre toutes les

-----

(1) Léopold MABILLEAU, *La mutualité française*, p. 193.

sociétés secrètes et, de l'autre, favoriser la constitution d'associations qui demeureraient sous le contrôle journalier du Gouvernement » (1).

C'est pourquoi le décret-loi du 26 mars 1852 réserva les encouragements de l'Etat aux sociétés approuvées, dirigées par un président nommé par le Gouvernement et fonctionnant sous l'étroite dépendance du pouvoir central. Seules les associations de cette catégorie jouissent des privilèges suivants : subventions prélevées sur la dotation de 10 millions provenant des biens de la famille d'Orléans; gratuité des registres et du local fournis par la commune; tarif réduit pour les enterrements; exemption des droits de timbre et d'enregistrement.

La législation mutualiste de la IIIe République, tout en écartant les suspicions dont étaient entourées, sous le régime précédent, les sociétés libres, ne crut pas devoir faire bénéficier les associations de cette catégorie de la plupart des avantages accordés aux sociétés de secours mutuels approuvées.

Cette inégalité de traitement, si elle peut être théoriquement critiquée, n'offre pas cependant, dans la pratique, de sérieux inconvénients.

On sait, en effet, que la plupart des prescriptions de la loi du 1er avril 1898 sont applicables aux sociétés libres comme aux sociétés approuvées; en règle générale, les statuts d'une association libre ne diffèrent de ceux d'un groupement approuvé qu'en ce qui concerne : 1° les modes de placement des fonds sociaux; 2° les systèmes techniques de constitution des pensions de retraite et les conditions d'âge et de sociétariat requises pour y avoir droit; 3° les bases de la répartition de l'actif en cas de dissolution. Comme l'approbation des sociétés de secours mutuels n'est plus une faveur administrative, mais constitue un véritable droit, la plupart des associations libres, qui désirent bénéficier des subventions de l'Etat, ont la possibilité de les obtenir, en rectifiant leurs statuts sur des points secondaires et en sollicitant l'approbation ministérielle (2).

On examinera successivement les avantages et privilèges accordés à toutes les sociétés de secours mutuels, sans distinction de catégories, et les encouragements réservés aux seules sociétés approuvées ou déclarées d'utilité publique.

---

(1) Henry POULET, *Sociétés de secours mutuels*, p. 15
(2) Toutefois les sociétés libres qui constituent des pensions viagères ne peuvent obtenir l'approbation ministérielle que si leur service de retraite est organisé d'après certaines modalités techniques déterminées.

CHAPITRE II

Avantages dont bénéficient les sociétés libres, approuvées ou déclarées d'utilité publique.

ARTICLE PREMIER. — ASSISTANCE JUDICIAIRE

En vertu de l'article 13 de la loi du 1ᵉʳ avril 1898, les sociétés de secours mutuels de toutes catégories peuvent obtenir l'assistance judiciaire, aux conditions imposées par la loi du 22 janvier 1851.

Depuis la promulgation de la loi du 10 juillet 1901, qui a modifié l'article 10 de la loi de 1851, les sociétés de secours mutuels qui demandent le bénéfice de l'assistance judiciaire ne sont plus tenues de produire un certificat d'indigence; il leur suffit de prouver que l'insuffisance de leurs ressources ne leur permet pas d'agir devant les tribunaux.

ART. 2. — INCESSIBILITÉ ET INSAISISSABILITÉ DES SECOURS

L'article 12 de la loi du 1ᵉʳ avril 1898 dispose :

« Les secours, pensions, contrats d'assurance, livrets et généralement toutes sommes et tous titres à remettre par les sociétés de secours mutuels à leurs membres participants, sont incessibles et insaisissables jusqu'à concurrence de 360 francs pour les rentes et de 3.000 francs pour les capitaux assurés » (1).

ART. 3. — TARIFS POSTAUX

Les associations mutualistes ne jouissent pas de la franchise postale qui, d'après la règle posée par l'ordonnance du 17 novembre 1844, n'est accordée que pour la transmission, entre

____

(1) Il a été jugé qu'une société de secours mutuels ne pouvait imputer ni retenir, sur les arrérages des pensions de retraite liquidées au profit de ses adhérents, les cotisations dont ceux-ci sont redevables envers elle. Jugement du tribunal civil de la Seine du 16 décembre 1911. *Bulletin des sociétés de secours mutuels*, 1912, p. 186.

fonctionnaires publics, de la correspondance concernant exclusivement le service de l'Etat.

Toutefois l'article 16 de la loi du 27 février 1912 a autorisé la circulation en franchise de la correspondance postale échangée entre les présidents ou directeurs des caisses d'assurances des retraites ouvrières et paysannes, d'une part, et les préfets, inspecteurs généraux et inspecteurs des finances, trésoriers-payeurs généraux et receveurs des finances, d'autre part. En outre, la loi du 17 juin 1913 a créé un mandat-retraite exclusivement destiné au paiement des arrérages des retraites, allocations et bonifications acquises sous le régime de la loi du 5 avril 1910.

ART. 4. — Droits de mutation applicables aux dons et legs

En vertu de l'article 19 de la loi du 25 février 1901 (1), les dons et legs faits aux sociétés de secours mutuels sont assujettis à un droit réduit de 9 %, à la condition que le caractère de bienfaisance de la libéralité ait été reconnu par le décret ou l'arrêté qui en a autorisé l'acceptation.

ART. 5. — Exemption de la taxe sur les cercles

L'article 9 de la loi du 16 septembre 1871 a exempté les sociétés de secours mutuels de la taxe établie sur les cercles, sociétés et lieux de réunion où se payent des cotisations (2).

ART. 6. — Exemption des droits de timbre
et d'enregistrement

Sont exempts des droits de timbre et d'enregistrement :

1° Les pouvoirs notariés ou sous seings privés donnés par les

---

(1) La loi du 31 décembre 1917, qui a établi de nouveaux tarifs pour les droits de mutation à titre gratuit, a laissé subsister, pour les dons et legs faits aux Sociétés de secours mutuels, l'ancien tarif de 9 %.

Toutefois les groupements mutualistes sont assujettis à la taxe successorale prévue par l'article 10 de la loi du 31 décembre 1917.

(2) Conseil d'Etat. Cont., 5 août 1898 (Société de secours mutuels « l'Abeille »).

sociétaires à leurs collègues en vue de les représenter aux assemblées générales (1) ;

2° Les actes de procédure relatifs à la solution des instances engagées en matière de validité des opérations, électorales des sociétés de secours mutuels (2) ;

3° La procédure d'homologation de la liquidation des sociétés dissoutes par l'autorité judiciaire (3) ;

4° Les certificats, actes de notoriété et autres pièces exclusivement relatives à l'application des lois des 20 juillet 1886 (4), sur la caisse nationale des retraites pour la vieillesse et 11 juillet 1868 (5) sur les caisses nationales d'assurance en cas de décès et en cas d'accident.

5° Les conventions conclues entre les sociétés de secours mutuels et les chefs d'entreprise par application de l'article 5 de la loi du 9 avril 1898 (6), en vue d'exonérer ceux-ci de leur responsabilité pendant trente, soixante ou quatre-vingt dix jours en cas d'accident de travail.

ART. 7. — DÉPÔTS AUX CAISSES D'ÉPARGNE

L'article 4, paragraphe 5, de la loi du 20 juillet 1895, modifié par la loi du 18 octobre 1919, autorise les sociétés de secours mutuels à déposer leurs fonds, jusqu'à concurrence de la somme de 30.000 francs, aux caisses d'épargne privées.

ART. 8. — RÉCOMPENSES HONORIFIQUES DE LA MUTUALITÉ

L'article 39 de la loi du 1ᵉʳ avril 1898 dispose :

« Les personnes auxquelles le Gouvernement de la, République aura accordé des médailles d'honneur en leur qualité de membres d'une société de secours mutuels, libre ou approuvée, pourront porter publiquement ces récompenses » (7).

---

(1) Article 6 de la loi du 1ᵉʳ avril 1898. Instruction du 25 juin 1898 relative à l'exécution de la loi du 1ᵉʳ avril 1898 sur le régime fiscal des sociétés de secours mutuels.

(2) Art. 6, § 6, de la loi du 1ᵉʳ avril 1898.

(3) Art. 11, § 5, de la même loi.

(4) Art. 24.

(5) Art. 19.

(6) Art. 29 de la loi du 9 avril 1898.

(7) L'article 2 du décret du 27 mars 1858, réglementant le port des médailles d'honneur de la mutualité, interdisait « de porter ces médailles en tout autre lieu et hors le temps des réunions, comme aussi de porter le ruban seul ».

La commission d'assurance et de prévoyance de la Chambre des députés, consultée, le 3 août 1898, par le ministre de l'Intérieur, a émis, à l'unanimité, l'avis que l'article 39 de la loi du 1ᵉʳ avril 1898 abrogeait

Les distinctions honorifiques de la mutualité sont exclusivement réservées aux membres des associations de prévoyance régies par la loi du 1er avril 1898.

Elles sont destinées à récompenser le dévouement des administrateurs et les services qu'ils rendent gratuitement aux groupements mutualistes; la simple qualité de membre participant ne constitue pas un titre suffisant à une distinction honorifique de la mutualité (1).

Afin d'établir un certain rapport entre les récompenses accordées aux membres d'un groupement et l'importance de ce groupement, le nombre des distinctions annuellement accordées à une société est proportionné à l'effectif de ses participants. Pour les associations de 100 à 1.000 membres, il ne doit pas être présenté, en vue de chaque promotion semestrielle, plus d'un candidat par 250 membres ou fraction de 250 membres, cette proportion s'augmentant, pour les sociétés de plus de 1.000 membres, d'une unité par 500 membres ou fraction de 500 membres. En ce qui concerne les sociétés de secours mutuels de moins de 100 membres, elles ne peuvent obtenir plus d'une récompense par an (2).

Les distinctions honorifiques de la mutualité sont divisées en plusieurs catégories :

1° La mention honorable, qui ne donne pas droit au port d'un insigne ou d'un ruban;

2° La médaille de bronze, dont le ruban moiré, fond noir, porte deux lisérés bleus (3);

3° La médaille d'argent, dont le ruban est marqué d'un liséré d'argent de chaque côté de la partie bleue à l'intérieur;

4° La médaille d'or, dont le ruban est bordé d'un liséré d'or de chaque côté de la partie bleue à l'intérieur (4).

En vertu de l'arrêté du 3 janvier 1907, portant règlement sur les récompenses honorifiques de la mutualité, « nul ne peut obtenir la mention honorable, qui est la première récompense de la mutualité, s'il n'a au moins trois ans de présence dans une société de secours mutuels.

«A moins de titres exceptionnels, un délai de deux ans, à comp-

---

complètement le décret-loi du 27 mars 1858 et laissait aux mutualistes la faculté de porter le ruban seul, comme le font les titulaires des médailles d'honneur pour faits de sauvetage ou longs services consécutifs dans la même maison. (BARBERET, *Les sociétés de secours mutuels*, 4e éd., p. 315).

(1) Circulaire du ministre du Travail du 20 mai 1912.
(2) Circulaire du ministre de l'Hygiène sociale du 27 mars 1920.
(3) Arrêté du ministre de l'Intérieur du 24 juin 1858.
(4) Arrêté du ministre de l'Intérieur du 22 mars 1899.

ter de la date d'attribution de la mention honorable, est nécessaire pour l'obtention de la médaille de bronze.

« Un délai de trois ans au moins, à compter de la date d'attribution de la médaille de bronze, est nécessaire pour l'obtention
de la médaille d'argent.

« Un délai de quatre ans au moins, à compter de la date d'attribution de la médaille d'argent, est nécessaire pour l'obtention
de la médaille d'or. »

La liste des récompenses honorifiques de la mutualité est
arrêtée deux fois par an, par décret, à l'occasion du 1ᵉʳ janvier
et de la Fête nationale.

Art. 9. — Dégrèvement de la cotisation-maladie des assurés
de la loi sur les retraites ouvrières et paysannes

Afin de faciliter l'adhésion des salariés soumis au régime de
retraite de la loi du 5 avril 1910 à un organisme d'assurance en
cas de maladie, l'article 18 de cette loi a attribué aux sociétés
de secours mutuels une allocation annuelle de 1 fr. 50, réduite
à 0 fr. 75 pour les assurés de moins de 18 ans, affectée à un
dégrèvement de pareille somme sur la cotisation maladie de
leurs membres participants, assurés obligatoires ou facultatifs
de la loi sur les retraites ouvrières et paysannes qui ont effectué
les versements légaux.

Toute société fonctionnant conformément à la loi du 1ᵉʳ avril
1898 peut prétendre à cette allocation, à la condition d'exiger
de ses membres participants, pour le service de la maladie, une
cotisation d'au moins 6 francs pour les sociétaires âgés de dix-
huit ans et plus, de 3 francs pour les mineurs de dix-huit ans.
Dans le cas où l'association assure simultanément des secours
de maladie et des pensions de vieillesse, sans indiquer la portion
de cotisation spécialement destinée à chacun de ces services,
l'Administration admet que la totalité de la cotisation statutaire
est affectée à la maladie.

Les associations mutualistes doivent adresser, chaque année,
au préfet de leur département, la liste de leurs membres participants ayant droit au dégrèvement. La préfecture, après vérification, transmet cette liste, avec ses observations, au ministre
du Travail, qui liquide et ordonnance les allocations.

Les subventions étant spécialement destinées à dégrever la
cotisation-maladie des membres participants assurés de la loi
du 5 avril 1910 ne doivent, en aucun cas, être versées aux

recettes générales de la société, ni bénéficier à l'ensemble des adhérents.

ART. 10. — MAJORATION DES PENSIONS DE RETRAITE DES MEMBRES DES SOCIÉTÉS DE SECOURS MUTUELS

En exécution de la loi du 31 décembre 1895, des majorations de rentes viagères sont accordées aux pensionnaires des sociétés de secours mutuels qui remplissent, au point de vue de l'âge, de la continuité des versements et de la situation de fortune, les conditions suivantes :

1° Etre de nationalité française ;

2° Etre pensionnaire d'une société de secours mutuels ou titulaire d'un livret de la Caisse nationale des retraites pour la vieillesse ;

3° Etre âgé de soixante-cinq ans au moins ;

4° Avoir effectué, pendant vingt-cinq années au minimum, des actes de prévoyance, autres que ceux prévus par la loi du 5 avril 1910, en payant des cotisations régulières à des sociétés constituant des pensions de retraite et ayant, depuis le même temps, établi un fonds de retraite ou opéré des versements à la Caisse nationale des retraites ;

5° Ne pas jouir, y compris la rente dont la majoration est demandée, d'un revenu personnel (1), viager ou non, supérieur à trois cent soixante francs ;

6° N'avoir pas participé aux majorations de rente viagère qui ont été accordées au cours des années précédentes.

Les pensionnaires qui se trouvent dans les conditions requises pour avoir droit à une majoration de rente, doivent s'adresser au maire de leur résidence, qui leur fait souscrire une demande de majoration.

L'Administration de la Caisse des dépôts et consignations est chargée de l'instruction de ces demandes ainsi que de la liquidation des majorations.

Elles sont servies par la Caisse nationale des retraites pour la vieillesse et ne peuvent excéder le cinquième de la rente primitive (2), les pensions servies, majoration comprise, ne devant pas dépasser 360 francs (3).

---

(1) Les ressources que le pensionnaire pourrait tirer de son travail n'entrent pas en ligne de compte, à moins qu'il ne s'agisse d'un traitement de l'Etat, du département ou des communes (art. 33 de la loi de finances du 30 mai 1899).

(2) Art. 25 de la loi du 13 juillet 1896.

(3) Art. 3 de la loi du 31 décembre 1895.

Indépendamment des majorations, des bonifications spéciales peuvent être accordées aux pensionnaires remplissant les conditions ci-dessus indiquées, qui ont élevé au moins quatre enfants jusqu'à l'âge de trois ans accomplis.

ART. 11. — AVANTAGES RÉSERVÉS AUX MUTUALISTES RÉASSURÉS EN CAS DE MALADIE PROLONGÉE

L'Etat paye une partie des frais de séjour dans les sanatoriums des mutualistes affiliés depuis trois ans au moins à une société de secours mutuels qui réassure ses membres en cas de maladie prolongée.

La portion à la charge de l'Etat est égale à la différence existant entre ie prix de la journée d'hospitalisation dans l'hôpital de premier rattachement du domicile de secours du malade et le prix de la journée d'hospitalisation dans le sanatorium (1).

ART. 12. — AVANTAGES ACCORDÉS AUX SOCIÉTÉS DE SECOURS MUTUELS QUI PARTICIPENT A L'APPLICATION DE LA LOI SUR LES RETRAITES OUVRIÈRES ET PAYSANNES

Sociétés ayant organisé une caisse d'assurance. — Afin de permettre aux organismes d'assurance d'adopter des tarifs ne comportant aucun chargement pour frais d'administration, il est versé aux sociétés de secours mutuels qui ont organisé une caisse d'assurance des retraites ouvrières et paysannes une allocation forfaitaire annuelle de 2 francs par compte d'assuré ayant donné lieu dans l'année à des opérations de recettes ou de dépenses (2).

Sociétés assurant le service d'encaissement. — Ces sociétés reçoivent :

1° Une remise de 5 % pour les frais d'encaissement de la cotisation de l'assuré;

2° Une remise de 1 % pour les frais d'encaissement de la contribution patronale (3).

Ces remises sont calculées sur le montant des encaissements constatés sur chaque carte annuelle.

Les cotisations recueillies par les caisses d'assurance ne donnent pas lieu à la remise de 5 ou de 1 %, en raison de l'in-

---

(1) Art. 3 de la loi du 7 septembre 1919.
(2) Art. 12 de la loi du 5 avril 1910.
(3) Art. 12 de la loi du 5 avril 1910.

demnité de gestion de 2 francs qui est déjà allouée à ces caisses (1).

Art. 13. — Subventions allouées
aux sociétés qui accordent des secours de maternité

Les sociétés de secours mutuels qui accordent à leurs adhérentes des secours en cas d'accouchement ou ont organisé un service de maternité peuvent recevoir des subventions de l'Etat sur le crédit ouvert au budget du ministère de l'Hygiène en faveur des œuvres d'assistance maternelle et de protection des enfants du premier âge.

L'emploi de ce crédit est réglé, dans les conditions fixées par le décret du 21 juin 1909, par une commission spéciale siégeant auprès du ministre de l'Hygiène sociale.

Art. 14. — Subventions allouées aux sociétés
qui ont organisé des caisses de chomage

Les sociétés de secours mutuels qui viennent en aide à leurs membres en cas de chômage involontaire par manque de travail, soit par des secours sur place, soit par des secours de route, peuvent participer à la répartition du crédit inscrit au budget du ministère du Travail en faveur des caisses de chômage.

Pour avoir droit aux subventions, les groupements mutualistes sont tenus d'organiser un service de placement gratuit des chômeurs (2) et de réunir un nombre minimum d'assurés (3) ; leurs statuts doivent contenir certaines dispositions particulières, en dehors de celles qui sont exigées par la loi du 1er avril 1898 (4).

Le crédit inscrit au budget du ministère du Travail est réparti semestriellement entre les caisses, proportionnellement à leurs dépenses.

---

(1) Circulaire ministérielle du 10 novembre 1911.
(2) Art. 4 du décret du 9 septembre 1905.
(3) Art. 2 du même décret.
(4) Art. 7 du même décret.

CHAPITRE III

Avantages réservés aux associations approuvées ou déclarées d'utilité publique.

On peut classer les encouragements et privilèges divers dont jouissent les sociétés approuvées ou déclarées d'utilité publique en deux catégories, suivant que ces avantages sont attribués à toutes les associations mutualistes ou réservés aux seules sociétés qui accordent des secours n'excédant point les maxima fixés à l'article 28 de la loi du 1ᵉʳ avril 1898.

PREMIÈRE SECTION

Avantages accordés à toutes les associations approuvées ou déclarées d'utilité publique.

ARTICLE PREMIER. — FOURNITURE DES LOCAUX NÉCESSAIRES AUX RÉUNIONS ET DES LIVRETS ET REGISTRES NÉCESSAIRES A L'ADMINISTRATION ET A LA COMPTABILITÉ

L'article 18 de la loi du 1ᵉʳ avril 1898 prescrit que les communes sont tenues de fournir aux sociétés de secours mutuels approuvées, sur leur demande, les locaux nécessaires à leurs réunions, ainsi que les livrets et registres nécessaires à l'administration et à la comptabilité. En cas d'insuffisance des ressources des communes, cette dépense est mise à la charge des départements. Si la société s'étend sur plusieurs communes ou sur plusieurs départements, l'obligation incombe d'abord à la commune où est établi le siège social, ensuite au département auquel appartient cette commune.

Les locaux fournis pour la tenue des réunions doivent être, autant que possible, ceux des mairies, ou, à leur défaut, des salles communales suffisamment spacieuses pour contenir l'ensemble des sociétaires. Il est, en outre, indispensable qu'ils soient appropriés à l'usage de ces réunions, c'est-à-dire chauffés pendant l'hiver, éclairés le soir et pourvus du matériel nécessaire pour que les sociétés puissent délibérer (1).

____

(1) Circulaire du ministre de l'Intérieur du 15 septembre 1901.

Quant aux livrets et registres que doivent fournir les communes aux associations approuvées, le nombre et le modèle en sont fixés par l'arrêté du ministre de l'Intérieur du 15 avril 1853 (1). Ce sont :

Un registre matricule ;

Un journal pour le trésorier ;

Un registre blanc destiné aux procès-verbaux ;

Des livrets à l'usage des sociétaires pour inscrire leurs versements et sans qu'il soit besoin d'y insérer le texte des statuts ;

Des feuilles de visite.

Certaines communes où siègent des sociétés importantes, dont la circonscription dépasse le territoire communal, avaient demandé que la charge de la fourniture des livrets et registres fût répartie entre les communes intéressées, proportionnellement au nombre des membres participants y résidant. Consultée sur ce point, la section de l'Intérieur du Conseil d'Etat a répondu, le 5 avril 1901, que l'on devait s'en tenir strictement au texte de la loi stipulant que la charge des livrets et registres incombe dans tous les cas à la commune où est établi le siège social ou au département auquel appartient ladite commune.

La fourniture des livrets et registres nécessaires aux sociétés de secours mutuels approuvées constitue pour les communes une dépense obligatoire ; le préfet peut donc, sur le refus du Conseil municipal de voter le crédit afférent à cette dépense, procéder à son inscription d'office au budget communal, en exécution de l'article 149 de la loi du 5 avril 1884 (2).

Art. 2. — Remise des deux tiers de la taxe municipale sur les convois

Le paragraphe 2 de l'article 18 de la loi du 1er avril 1898 dispose : « Dans les villes où il existe une taxe municipale sur les convois, il est accordé aux sociétés approuvées remise des deux tiers des droits sur les convois dont elles peuvent avoir à supporter les frais aux termes de leurs statuts. »

L'application de ce texte soulève de sérieuses difficultés. On peut se demander, en effet, si la loi du 28 novembre 1904, qui a attribué aux communes le monopole des pompes funèbres, a supprimé la taxe municipale de convoi visée à l'article 11 du

---

(1) Conseil d'Etat, Cont., 4 août 1913 et 10 mai 1918 (Société « La Prévoyante »).

(2) Conseil d'Etat, Cont., 23 novembre 1882.

décret du 18 mai 1806 ou si elle l'a confondue avec les taxes que prévoit son article 2.

Le ministère de l'Intérieur estime que, dans le silence de la loi, les sociétés de secours mutuels ne peuvent recourir qu'à la voie gracieuse pour obtenir un régime de faveur, soit que les communes exploitent directement le service des pompes funèbres, soit que ce service soit concédé. Dans ce dernier cas, les réductions accordées doivent faire l'objet de stipulations spéciales au cahier des charges.

Il est une hypothèse cependant où les sociétés de secours mutuels approuvées paraissent fondées à invoquer le bénéfice de la réduction des deux tiers; c'est celle où le conseil municipal s'est borné à organiser un service de transport uniforme pour toutes les inhumations, avec une taxe fixe à la charge de toutes les personnes non indigentes. Dans ce cas, en effet, on peut considérer que cette taxe n'est autre que la taxe municipale prévue par le décret du 18 mai 1806.

Art. 3. — Dépot des titres au porteur
a la Caisse des dépots et consignations

En vertu du dernier paragraphe de l'article 20 de la loi du 1er avril 1898, les sociétés de secours mutuels approuvées sont tenues de déposer leurs titres au porteur à la Caisse des dépôts et consignations.

Cet établissement garde les titres, encaisse les arrérages, coupons et primes de remboursement sans aucun frais pour les associations intéressées.

Art. 4. — Répartition des comptes abandonnés
des caisses d'épargne

L'article 20 de la loi du 20 juillet 1895 sur les caisses d'épargne prévoit que les trois cinquièmes des sommes prescrites à l'égard des déposants seront répartis entre les sociétés de secours mutuels approuvées ou reconnues d'utilité publique qui possèdent un fonds de retraite à la Caisse des dépôts et consignations.

Le décret du 14 mars 1898 a classé les associations appelées à bénéficier de cette disposition légale en sept catégories, d'après le chiffre des pensions qu'elles servent à leurs adhérents.

Chaque année, la part attribuée aux sociétés de secours mutuels sur les comptes abandonnés des caisses d'épargne est répartie, par arrêté ministériel, entre les diverses catégories susvisées. La répartition est faite en raison directe du nombre des membres participants et en raison inverse du chiffre moyen des pensions.

DEUXIÈME SECTION

Avantages réservés aux associations approuvées ou déclarées d'utilité publique qui satisfont aux conditions de l'article 28 de la loi du 1er avril 1898.

Si, dans l'esprit de la législation de 1852, l'institution mutualiste était plus particulièrement destinée à venir en aide aux ouvriers, aux travailleurs, cependant aucune disposition légale ou réglementaire n'en écartait les personnes aisées et l'on peut même constater, vers 1858, une tendance de l'Administration à encourager l'application de la mutualité aux classes supérieures et aux professions libérales, notamment aux médecins (1).

Or, « autant il est juste — ainsi que le faisait observer M. Audiffred dans son rapport du 22 novembre 1894 (2) — de venir en aide aux personnes peu aisées, de condition modeste, qui, par des économies difficilement réalisées, s'appliquent à se garantir par une assurance mutuelle contre les risques de la vie, autant il est inadmissible que le produit de l'impôt soit employé à accorder des faveurs à des personnes riches, ou tout au moins aisées, qui usent du levier puissant de l'association pour supporter plus facilement des charges toujours lourdes pour des individus isolés.

« A ces derniers, l'Etat accorde, dans la plus large mesure, une liberté complète pour leur permettre de tirer de leurs efforts réunis le plus grand effet utile. Pour ceux dont les ressources sont plus modiques, il ajoute à ce bienfait des subventions qui constituent à la fois une aide efficace et une incitation à la prévoyance. »

Afin de distinguer les personnes « riches ou tout au moins aisées », des citoyens « de condition modeste », la loi de 1898 n'a pas jugé nécessaire de classer les mutualistes d'après les professions qu'ils exercent, les salaires qu'ils touchent ou les

---

(1) *Rapport sur les opérations des Sociétés de secours mutuels*, année 1858, p. 10.
(2) *Journal officiel*. Chambre des députés. *Documents parlementaires*, 1895, p. 169.

impôts qu'ils payent. Elle a admis que tout individu qui s'adresse à une mutualité assurant à ses adhérents des secours n'excédant pas un certain chiffre doit être considéré comme ne disposant que de ressources limitées et mérite d'être encouragé par l'Etat dans son effort de prévoyance.

La loi du 1er avril 1898 dispose dans son article 28 : « Les sociétés de secours mutuels qui accordent à leurs membres ou à quelques-uns seulement des indemnités moyennes supérieures à 5 francs par jour, des allocations annuelles ou des pensions supérieures à 360 francs et des capitaux en cas de vie ou de décès supérieurs à 3.000 francs, ne participent pas aux subventions de l'Etat et ne bénéficient ni du taux spécial d'intérêt fixé par les décrets des 26 mars 1852, 26 avril 1856, ni des avantages accordés par la présente loi sous forme de remise de droits d'enregistrement et de frais de justice. »

On remarquera que, pour qu'une société soit exclue du bénéfice des avantages susindiqués, il faut que la moyenne des indemnités de maladie qu'elle accorde à ses adhérents soit supérieure à 5 francs.

D'autre part, il n'est pas nécessaire, pour que joue l'article 28, qu'elle serve effectivement à ses membres des pensions supérieures à 360 francs. Il suffit que, par le jeu normal de ses statuts, elle arrive à constituer au profit de quelques-uns de ses adhérents des pensions dépassant ce chiffre (1).

Il a été décidé que, dans le calcul de ce maximum, on ne tiendrait pas compte des pensions de retraites ouvrières et paysannes dont peuvent bénéficier les mutualistes, même lorsque ces pensions sont servies par une société de secours mutuels agréée en conformité de la loi du 5 avril 1910 (2).

On s'est demandé si les associations mutualistes approuvées pouvaient, sans perdre le bénéfice des subventions de l'Etat, assurer cumulativement à leurs adhérents une pension de retraite de 360 francs, 3.000 francs en cas de vie et une égale somme en cas de décès. Les sections réunies de l'Intérieur et des Finances du Conseil d'Etat, consultées, ont émis, le 27 juin 1906, l'avis que « les termes de l'article 28 ne sauraient être interprétés comme permettant aux membres d'une société de secours mutuels approuvée soit de s'assurer, par la voie des différentes

---

(1) Cf. *Procès-verbaux du Conseil supérieur des sociétés de secours mutuels*, session de juin 1913, p. 57.

(2) Lettre du ministre du Travail du 24 décembre 1910, à M. Henry Chéron, rapporteur du budget du Travail. *Bulletin des Sociétés de secours mutuels*, 1911, p. 107.

combinaisons basées sur la vie humaine, deux capitaux de 3.000 francs chacun, soit de cumuler une pension de 360 francs avec une assurance dont le capital pourrait être ultérieurement transformé en rentes viagères et procurer ainsi, au même mutualiste, une pension supérieure au chiffre fixé par la loi ».

Afin d'empêcher les personnes aisées de s'assurer, avec l'aide de l'Etat, des pensions supérieures à 360 francs et des capitaux en cas de vie ou de décès excédant 3.000 francs, en s'adressant à plusieurs sociétés de secours mutuels subventionnées, l'article 28 prévoit que « les sociétaires qui s'affilieront à plusieurs sociétés en vue de se constituer une pension supérieure à 360 fr. ou des capitaux en cas de vie ou de décès supérieurs à 3.000 francs seront exclus des sociétés de secours mutuels dont ils font partie, sous peine, pour la société, de perdre les avantages concédés par la présente loi ».

Bien que ce texte figure dans le titre III de la loi du 1er avril 1898, relatif aux sociétés approuvées, il semble que les secours assurés par les sociétés libres doivent entrer en ligne de compte dans le calcul des maxima.

Les sociétés qui comptent parmi leurs adhérents des personnes inscrites dans plusieurs associations mutualistes en violation de l'article 28 sont tenues, sous peine de perdre le bénéfice des subventions de l'Etat, de les exclure de leur sein; la radiation de ces membres peut être prononcée, selon nous, même si elle n'est pas formellement prévue par les statuts sociaux.

Il résulte des travaux préparatoires de la loi du 1er avril 1898 (1), ainsi que de l'instruction, en date du 25 juin 1898, de la Direction générale de l'enregistrement, des domaines et du timbre, que la sanction prévue à l'article 28 ne joue que si l'Administration supérieure a invité, au préalable, la société à prononcer l'exclusion de ceux de ses membres qui tombent sous le coup de l'application de cette disposition légale. Ce n'est que dans le cas où cette mise en demeure ne serait pas suivie d'effet que la société cesserait de jouir des encouragements spéciaux que la loi lui accorde.

ART. 1er. — SUBVENTIONS ALLOUÉES PAR L'ETAT
§ 1er. — L'ancien régime des subventions mutualistes.

On sait que le décret du 22 janvier 1852 a attribué à l'institution mutualiste, sur les fonds provenant de la vente des biens de

---

(1) BARBERET, *Les sociétés de secours mutuels*, p. 270.

la famille d'Orléans, une dotation de 10 millions (1). La commission supérieure d'encouragement et de surveillance des sociétés de secours mutuels, chargée de répartir les intérêts de cette somme entre les associations approuvées et déclarées d'utilité publique, s'inspira des principes suivants :

Elle estima, en premier lieu, qu'il convenait d'aider largement aussi bien les sociétés qui se fondent que celles qui, par suite d'épidémies, d'accidents exceptionnels ou même d'imperfection de leurs statuts, se trouvent momentanément en déficit.

Elle se montra, par contre, peu disposée à subventionner les services de maladie des sociétés en plein fonctionnement. Jugeant que les dépenses de cet ordre devaient être exclusivement couvertes à l'aide des apports des participants et qu'une association qui, après quelque temps d'essai, ne peut se soutenir qu'avec les secours de l'Etat « manque complètement son but et perd le caractère essentiel de la mutualité » (2), elle réserva les subventions ordinaires aux seuls groupements qui effectuaient des versements de retraite, « dans le but d'augmenter dans leurs caisses la part de l'infirmité et de la vieillesse » (3).

De 1852 à 1898, les bases de répartition des intérêts du fonds de dotation furent modifiées à plusieurs reprises; aux environs de 1898 les subventions étaient calculées d'après le barème suivant (4).

a) Le quart du versement au fonds de retraite;

b) Un franc par membre participant;

c) Un franc par membre participant âgé de plus de 55 ans.

Toutefois la subvention ne pouvait dépasser le chiffre du versement; en outre, lorsque le nombre des participants était égal ou inférieur à 1.000, elle n'excédait pas 3.000 francs; si le nombre des membres participants était supérieur à 1.000, elle pouvait être égale au nombre des membres participants multiplié par 3, sans aller cependant, en aucun cas, au delà de 10.000 fr.

La loi du 1er avril 1898 n'a fixé ni les bases de calcul, ni le taux des subventions allouées par l'Etat à la mutualité. L'article 28 se borne à indiquer que les arrérages de la dotation et les crédits inscrits au budget seront répartis entre les sociétés de secours mutuels, par arrêté du ministre de l'Hygiène, de l'Assistance et de la Prévoyance sociales, rendu après avis du Conseil

---

(1) Voir p. 4.

(2) *Rapport sur les opérations des sociétés de secours mutuels*, 1859, p. 16.

(3) *Id.*, 1853, p. 9.

(4) BARBERET. *Les sociétés de secours mutuels*, p. 20.

supérieur, et serviront à accorder des allocations : « 1° pour encourager la formation des pensions de retraites à l'aide du fonds commun ou du livret individuel ; 2° pour bonifier les pensions liquidées à partir du 1er janvier 1895 et dont le montant, y compris la subvention de l'Etat, ne sera pas supérieur à 360 francs ; 3° pour donner, en raison du nombre de leurs membres, des subventions aux sociétés qui ne constituent pas de retraites (1). »

Les arrêtés du 28 avril 1900, pris en exécution de ce texte, attribuèrent aux groupements mutualistes qui assuraient des secours en cas de maladie et effectuaient des versements de retraite, des subsides identiques à ceux qu'ils recevaient sous la législation précédente, à savoir 25 % du versement de retraite, 1 franc par participant âgé de moins de 55 ans, 2 francs par participant âgé de plus de 55 ans. Le maximum de la subvention était fixé à 3.000 francs pour les sociétés de moins de 1.000 membres, à 3 francs par participant pour les sociétés de plus de 1000 membres. L'allocation de l'Etat, qui ne pouvait en aucun cas être supérieure au versement de retraite ni dépasser 10.000 francs, était versée au fonds commun de retraite.

L'arrêté du 29 mars 1901 accorda aux associations qui ne constituaient pas de retraites ou n'avaient pas effectué de versements de retraite une allocation calculée sur la base de 0 fr. 50 par membre participant dont le maximum était fixé à 500 fr.

Ce régime de subventions était vivement critiqué. On lui reprochait de ne point proportionner les encouragements de l'Etat aux efforts de prévoyance des mutualistes, de contrarier, par l'institution de maxima arbitraires et peu élevés, le développement des sociétés à gros effectifs, qui méritent cependant un traitement de faveur, puisque la sécurité que procure un organisme d'assurance est fonction directe du nombre de ses adhérents. Par le jeu des maxima, en effet, le recrutement de tout participant nouveau, dans les associations qui comptent un certain nombre de têtes, a pour résultat de réduire la part virile des autres membres dans les subsides de l'Etat.

Mais le plus grave défaut du système était de réserver presque exclusivement les subventions de l'Etat au service de la retraite. Ce service recevait à la fois l'allocation de capitation, majorée pour les sociétaires âgés de plus de 55 ans, et un

______

(1) En dehors des subventions de l'Etat, les sociétés de secours mutuels peuvent recevoir des subsides des départements et des communes.

Les recettes de cette catégorie se sont élevées, en 1913, à la somme totale de 1.159.956 francs.

encouragement complémentaire, calculé sur la base de 25 % des versements faits soit au fonds commun soit sur livret individuel. D'autre part les subsides de l'Etat étaient affectés d'office, pour les sociétés qui assuraient conjointement des secours en cas de maladie et des pensions, à l'accroissement du fonds commun et ne pouvaient, par conséquent, servir à améliorer les services de maladie. Ainsi le jeu régulier des barèmes conduisait les administrateurs mutualistes à organiser un service de pensions de vieillesse et à y affecter des sommes importantes, souvent hors de proportion avec les ressources de l'association. Or, l'on a pu constater que, sur le terrain des rentes acquises, la mutualité ne peut entrer en compétition avec le système d'assurance organisé par la loi du 5 avril 1910. Le régime des arrêtés de 1900-1901 avait donc l'inconvénient de diriger les efforts des sociétés dans un sens où ils n'obtenaient pas les résultats les plus féconds et il n'est pas exagéré de prétendre qu'il n'était plus en harmonie avec notre législation sociale et avec les intérêts immédiats des mutualistes.

Pour remplacer les barèmes de 1900-1901, le Gouvernement avait le choix entre deux systèmes généraux de subventions : le premier consiste à encourager directement l'effort d'épargne du mutualiste en lui accordant une subvention proportionnelle à la cotisation versée, suivant le procédé adopté par la loi sur les retraites ouvrières et paysannes en matière d'assurance facultative ; le second, au contraire, mesure les encouragements de l'Etat à l'importance et à la valeur sociale des services rendus par le groupement et calcule la subvention d'après les dépenses que la société a réellement effectuées. Le premier système a l'avantage de permettre au participant de se rendre un compte exact de l'aide que lui apporte la collectivité ; le deuxième donne au Gouvernement la faculté de faire état, pour l'attribution des subventions, qui proviennent des ressources générales de la nation, de la valeur sociale des services rendus par les associations mutualistes.

Le Conseil supérieur de la mutualité, consulté par le ministre du Travail sur les principes qui devaient inspirer la réforme des subventions, se prononça, au cours de sa session de décembre 1912, sur le rapport de M. Léopold Mabilleau, en faveur du système des allocations proportionnelles aux dépenses des sociétés (1).

---

(1) *Procès-verbaux du Conseil supérieur des sociétés de secours mutuels*, session de décembre 1912, p. 92.

Toutefois, craignant que le nouveau régime n'eût pour conséquence de réduire les subsides accordés à un certain nombre de groupements mutualistes, il demanda que l'application en fut différée tant que les disponibilités financières ne permettraient pas d'inscrire au budget une dotation complémentaire en faveur des sociétés de secours mutuels (1).

Le Parlement ayant voté un crédit supplémentaire de deux millions en vue de réaliser la réforme des subventions mutualistes, les nouveaux barèmes ont été mis en vigueur par arrêté du ministre du Travail en date du 5 novembre 1918.

§ 2. — Le régime actuel des subventions mutualistes.

Les subventions que l'Etat réserve, en conformité des arrêtés des 3 septembre 1903 et 5 novembre 1918 (2), aux associations mutualistes approuvées ayant leur siège dans la métropole (3), peuvent être réparties en deux catégories ; les unes, réglementaires et normales, ne peuvent être refusées aux groupements qui remplissent les conditions requises pour y prétendre; les autres sont accordées à titre exceptionnel et subordonnées à une décision bienveillante du ministre.

Dans la catégorie des allocations réglementaires rentrent les subventions dites « ordinaires » et celles qui sont destinées à majorer les pensions constituées, à l'aide du fonds commun, à la Caisse nationale des retraites pour la vieillesse. Les subventions exceptionnelles se divisent en subventions « de premier établissement » et en subventions à titre de secours.

1° SUBVENTIONS ORDINAIRES PRÉVUES PAR L'ARRÊTÉ DU 5 NOVEMBRE 1918

Le régime des subventions ordinaires est caractérisé par le versement aux associations mutualistes approuvées d'une allo-

---

(1) *Procès-verbaux du Conseil supérieur des sociétés de secours mutuels*, session de juin 1914, p. 77.

(2) A s'en tenir au texte de l'article 26 de la loi du 1er avril 1898, il devrait être procédé chaque année à la répartition des arrérages de la dotation et des crédits inscrits au budget en faveur des Sociétés de secours mutuels.

En fait, les barèmes du 5 novembre 1918 sont considérés comme fixes et permanents. Les prévisions budgétaires sont établies d'après ces barèmes et les crédits non employés sont reversés au Trésor.

(3) Les sociétés de secours mutuels des colonies ne bénéficient point des subventions allouées sur le budget de l'Etat aux associations métropolitaines ; l'Administration des Finances estime, en effet, que l'article 33 de la loi de finances du 13 avril 1900 fait obstacle au paiement direct par la Métropole des dépenses civiles dans les colonies.

cation proportionnelle aux dépenses qu'elles ont effectuées pour assurer le fonctionnement de leurs services en conformité de la loi du 1ᵉʳ avril 1898 et de leurs statuts sociaux.

Entrent seules en ligne de compte, pour le calcul des subsides de l'Etat, les dépenses des services mutualistes, c'est-à-dire les frais directement occasionnés aux sociétés par l'attribution des divers secours prévus à l'article 1ᵉʳ de la loi du 1ᵉʳ avril 1898. Les frais de gestion et de propagande (1), sont expressément exclus du bénéfice des encouragements de l'Etat.

D'autre part une seule opération d'assurance ne peut donner droit à une double subvention (2) : ainsi une société de secours mutuels qui réassure ses membres, en cas de décès, à une autre association approuvée ne peut être subventionnée pour les indemnités qu'elle verse aux familles de ses adhérents décédés si lesdites indemnités entrent en ligne de compte dans le calcul de l'allocation attribuée à l'organisme supérieur d'assurance.

L'arrêté du 5 novembre 1918 soumet à un régime différent les sociétés d'adultes, les sociétés scolaires et les unions de sociétés des secours mutuels.

A. *Sociétés d'adultes.*

Les bases d'attribution des subventions versées aux sociétés approuvées d'adultes varient suivant qu'il s'agit d'encourager

---

(1) Art. 1ᵉʳ, 7ᵉ alinéa de l'arrêté du 5 novembre 1918.
Par frais de gestion et de propagande, il faut entendre notamment les dépenses suivantes :
Loyers des locaux occupés par les services administratifs de la société ;
Impôts divers ;
Achat et réparation de mobilier ;
Frais de chauffage et d'éclairage ;
Traitements et salaires des agents rétribués de la société, gratifications diverses ;
Fournitures de bureau et de papeterie ;
Achat d'imprimés divers, impression d'affiches, circulaires, prospectus, tracts, statuts ;
Achats de carnets, de médailles, de bannières et d'insignes ;
Affranchissement de correspondance ;
Frais de recouvrement des cotisations ;
Dépenses de propagande, frais de conférences, de banquets, etc... ;
Dépenses occasionnées par les congrès et réunions mutualistes ;
Frais de déplacement des délégués ;
Abonnement aux revues et journaux mutualistes ;
Achats de livres pour la bibliothèque sociale ;
Frais d'achat de valeurs mobilières ou d'immeubles, droits de mutation des dons et legs ;
Frais d'application de la loi sur les retraites ouvrières et paysannes, etc.
(2) Art. 1ᵉʳ, 9ᵉ alinéa, de l'arrêté du 5 novembre 1918. Toutefois les organismes intéressés peuvent conclure des conventions particulières stipulant que la subvention sera partagée entre eux dans des conditions déterminées ; ces conventions doivent être notifiées au ministre.

le service de la retraite ou les autres services mutualistes énumérés à l'article 1ᵉʳ de la loi du 1ᵉʳ avril 1898.

1) Service de la retraite.

En matière de retraite, sont seuls subventionnés les versements faits par les sociétés à leur compte fonds commun inaliénable ou sur livrets individuels de la Caisse nationale ou d'une caisse autonome de retraite fonctionnant dans les conditions du décret du 25 mars 1901. L'arrêté du 5 novembre 1918 spécifie, dans son article 1ᵉʳ, 5°, que les pensions et allocations de retraite payées par les groupements mutualistes à l'aide de leurs fonds libres ou des intérêts de leur fonds commun n'entrent pas en ligne de compte pour le calcul de l'allocation de l'Etat.

Par contre tout versement au fonds commun ou sur livret individuel, s'il est opéré à l'aide des ressources sociales, bénéficie de la subvention, même si le capital versé provient d'une donation ou d'un legs (1).

Les versements supplémentaires que les membres participants sont généralement admis à effectuer sur leurs livrets individuels, par l'intermédiaire du trésorier de la société, ne sont pas subventionnés. Il s'agit, en effet, en l'espèce, de sommes que les adhérents confient volontairement et à titre individuel à la société avec mandat de les faire inscrire sur leur livret de retraite; les déposants ne sauraient prétendre à l'allocation de l'Etat pour ces versements, qui ne proviennent point des ressources sociales (2).

La subvention est calculée sur la base de 25 % des versements de retraite; le total ne peut excéder annuellement 20.000 francs par société et 9 francs par membre participant (3).

La subvention proportionnelle aux versements au fonds commun est allouée par le ministre, sans que les associations bénéficiaires aient aucune formalité à remplir; elle est inscrite d'of-

---

(1) Conseil d'Etat, Cont., 28 novembre 1913 (Société de secours mutuels de Saint-François-Xavier).

(2) Conseil d'Etat, Cont., 14 novembre 1913 (Association des médecins d'Indre-et-Loire). Toutefois les cotisations supplémentaires que les statuts des sociétés de secours mutuels permettent parfois aux adhérents de verser, lorsqu'ils entrent dans le groupement à un certain âge, donnent droit à la subvention de l'Etat. Conseil d'Etat, Cont., 11 août 1916 (Caisse mutuelle de retraites des membres de l'enseignement privé du département de la Nièvre).

(3) Ce dernier chiffre a été choisi par analogie avec le régime institué par la loi des retraites ouvrières et paysannes en faveur des assurés facultatifs.

fice à leur compte fonds de retraite par les soins de la Caisse des dépôts et consignations.

Au contraire, pour bénéficier des allocations dues en raison des versements qu'ils ont opérés sur les livrets individuels, les groupements intéressés doivent faire parvenir, avant le 31 mars, au préfet de leur département, un état conforme au modèle établi par le ministre de l'Hygiène sociale.

La subvention de l'Etat est inscrite sur les livrets des participants à capital aliéné ou à capital réservé au profit de la société, suivant que les statuts en ont décidé (1). Il est attribué à chaque sociétaire le quart du versement opéré sur son livret à l'aide des ressources sociales. Les sommes formées par les fractions de franc ou celles qui, pour une cause quelconque, ne peuvent être inscrites au compte des ayants droit sont portées en unités de franc sur les livrets individuels d'après un roulement établi par ordre d'inscription.

Dans le cas où une société effectue à la fois, dans le cours d'un même exercice, des versements à son compte fonds commun et des versements sur livrets individuels, la subvention correspondant aux versements sur livrets individuels peut être répartie sur ces livrets ou affectée au fonds commun.

Les subventions sur livrets individuels ne profitent aux étrangers qu'autant que leur pays d'origine a garanti, par traité, à nos nationaux des avantages équivalents (2).

2) *Autres services.*

Les subventions destinées à encourager les services mutualistes autres que la retraite sont proportionnelles aux dépenses que les sociétés ont effectuées, au cours de l'année précédente, pour assurer le fonctionnement de ces services.

Dans les dépenses donnant droit à subvention rentrent non seulement les secours, en argent ou en nature, versés aux participants, mais encore les frais directement occasionnés à la société par les services spéciaux énumérés à l'article 1er de la loi du 1er avril 1898. C'est ainsi, par exemple, que sont compris dans le décompte des subsides attribués à un dispensaire mutualiste, le loyer et les impôts des locaux exclusivement affectés à ce service, les frais d'achat et d'entretien du matériel, le traitement du personnel, etc.

---

(1) Avis du 3 juillet 1906 de la Section de l'Intérieur du Conseil d'Etat.
(2) Art. 26, § 3, de la loi du 1er avril 1898.

·La subvention de l'Etat, pour l'ensemble des services d'une même société — non compris les allocations afférentes aux versements de retraite — ne peut excéder 10.000 francs, ni dépasser 9 francs par membre participant.

Elle est accordée par le ministre au vu d'états spéciaux, conformes au modèle établi par l'Administration, qui indiquent le détail des dépenses effectuées par le groupement au cours de l'année précédente. Cet état doit être envoyé par les sociétés intéressées au préfet avant le 31 mars.

L'allocation de l'Etat est mise intégralement à la disposition des associations mutualistes, qui ont ainsi la faculté d'en faire l'emploi qu'elles jugent le plus conforme aux intérêts de leurs adhérents.

Pour le calcul de cette allocation, l'arrêté du 5 novembre 1918 répartit les dépenses des sociétés de secours mutuels, autres que celles de retraite, en quatre catégories et attribue à chacune d'elles un coefficient différent, suivant leur importance au point de vue social.

a) *Service de maternité et de protection des nourrissons.* — Le Gouvernement voulant marquer l'importance toute particulière que présentent les œuvres qui s'attachent à protéger les mères et à combattre la mortalité infantile a attribué au service de maternité et de protection des nourrissons une subvention calculée sur la base de 25 % des dépenses.

Au cours des délibérations du Conseil supérieur des sociétés de secours mutuels, il a été déclaré qu'entreraient en ligne de compte, pour le calcul de la subvention de maternité, les frais de toute nature occasionnés par les services de surveillance médicale des femmes enceintes, d'accouchement, de protection des enfants de moins d'un an (1).

b) *Service de maladie et d'invalidité.* — Le coefficient applicable aux dépenses de maladie et d'invalidité est fixé à 12 %.

Doivent être rangés parmi les dépenses de maladie les frais de toutes sortes occasionnés par les soins médicaux et les secours en argent ou en nature assurés aux membres participants malades et à leur famille, soit à domicile, soit dans les hôpitaux ou les sanatoriums.

Les services de prophylaxie et d'hygiène organisés par les sociétés de secours mutuels approuvées sont subventionnés sur

___

(1) *Procès-verbaux du Conseil supérieur des sociétés de secours mutuels*, session d'octobre 1918, p. 53.

les mêmes bases. En particulier les dispensaires de préservation antituberculeuse et les colonies de vacances mutualistes (1) obtiennent une subvention calculée sur la base de 12 % de leurs dépenses.

Les allocations d'invalidité sont assimilées aux dépenses de maladie lorsqu'elles sont payées, à l'aide des fonds libres, à des participants n'ayant pas atteint l'âge de la retraite, dont l'infirmité résulte d'une maladie ou d'un accident.

Les pharmacies mutualistes sont subventionnées lorsqu'elles fournissent gratuitement les médicaments à leurs adhérents en échange de la cotisation statutaire.

c) *Service des funérailles et des indemnités en cas de décès.* — Sous cette rubrique doivent être rangées les diverses dépenses occasionnées aux Sociétés de secours mutuels par les funérailles de leurs membres, telles que frais d'obsèques, de corbillard, de draps mortuaires, d'achat de couronnes, les secours de toute nature accordés à la famille du défunt, notamment les dépenses d'entretien et d'éducation des orphelins ainsi que les indemnités d'assurance en cas de décès.

La subvention de l'Etat est calculée sur la base de 6 % des dépenses.

d) *Services des assurances en cas de vie, des allocations en cas de chômage, de placement, cours professionnels.* — Ces divers services reçoivent une subvention fixée à 4 % de leurs dépenses.

B. — Sociétés scolaires.

L'application aux mutualités scolaires du barème normal de subventions, fixé par l'arrêté du 5 novembre 1918, n'aurait pas manqué de réduire sensiblement les encouragements attribués par l'Etat à cette intéressante catégorie d'institutions mutualistes.

Aussi un régime spécial a-t-il été institué en leur faveur, pour leur permettre d'obtenir des subsides au moins équivalents à ceux qui leur étaient précédemment accordés.

En vertu de l'article 10 de l'arrêté du 5 novembre 1918, les groupements scolaires reçoivent annuellement une subvention calculée sur les bases suivantes :

---

(1) V. les déclarations de M. Emile Durand, directeur de la mutualité, au Conseil supérieur des sociétés de secours mutuels. *Procès-verbaux*, session d'octobre 1918, p. 62.

a) 1 franc par membre participant, âgé de moins de 18 ans, ayant versé, au cours de l'année précédente, une cotisation minimum de 2 fr. 50 en vue de s'assurer des secours en cas de maladie ;

b) 1 franc par membre participant âgé de moins de 18 ans, ayant payé, en vue de la retraite, au cours de l'année précédente, une cotisation minimum de 2 fr. 50 et au profit duquel a été opéré, soit au fonds commun, soit sur livret individuel, un versement d'au moins 2 francs.

La subvention afférente au service de la maladie est mise à la disposition de la société ; la subvention afférente au service de la retraite est versée au fonds commun ou sur les livrets individuels, suivant que les statuts en ont décidé.

En outre, les mutualités scolaires qui possèdent une section d'adultes, composée d'adhérents âgés de plus de 18 ans, reçoivent, pour cette catégorie de participants, des subventions calculées sur les mêmes bases que les sociétés de secours mutuels approuvées d'adultes.

L'ensemble des subventions accordées à une mutualité scolaire, pour ses membres participants âgés de moins et de plus de 18 ans, ne peut excéder les maxima fixés pour les sociétés d'adultes.

Pour bénéficier des subventions prévues ci-dessus, les sociétés scolaires doivent fournir, avant le 31 mars, des états conformes aux modèles établis par l'Administration.

C. — *Unions de sociétés de secours mutuels.*

Les unions approuvées qui ont organisé un ou plusieurs des services énumérés à l'article 1er de la loi du 1er avril 1898 bénéficient, pour ces services, des mêmes allocations que les sociétés approuvées d'adultes.

En outre, elles reçoivent une subvention fixée à 5 % de leurs dépenses de propagande, qui ne peut excéder 6.000 francs. Seuls sont subventionnés les frais de propagande générale mutualiste ; les dépenses de publicité engagées par une union en vue de recruter de nouveaux adhérents à des services mutualistes déjà créés par elle, tels que caisse de réassurance, mutualité maternelle, etc., rentrent dans les frais de gestion de ces services et, à ce titre, ne donnent pas droit aux encouragements de l'Etat.

Pour obtenir la subvention qui leur revient, les unions approuvées doivent produire, avant le 31 mars, un état détaillé de leurs dépenses conforme au modèle réglementaire.

2° MAJORATION DES PENSIONS SUR FONDS COMMUN SERVIES PAR L'INTERMÉDIAIRE DE LA CAISSE NATIONALE DES RETRAITES POUR LA VIEILLESSE

En vertu de l'article 26 de la loi du 1er avril 1898, une partie des crédits inscrits au budget en faveur de la mutualité est destinée « à bonifier les pensions liquidées à partir du 1er janvier 1895 et dont le montant, y compris la subvention de l'Etat, ne sera pas supérieur à 360 francs ».

L'arrêté ministériel du 30 avril 1900, pris en exécution de cette disposition légale, faisait bénéficier les pensions constituées à la caisse nationale des retraites par les sociétés approuvées, soit sur leur fonds commun, soit au moyen du livret individuel, d'un supplément d'arrérages, variant de 5 à 15 francs suivant le montant de la pension.

En 1903, le Conseil supérieur de la mutualité demanda la modification de ce barème (1). En effet, les majorations prévues par l'arrêté du 30 avril 1900 n'élevaient qu'à 3.85, 4 ou 4.25 % le taux de 3.50 %, d'après lequel les pensions étaient alors constituées par la Caisse nationale des retraites pour la vieillesse. Comme les sociétés approuvées pouvaient, en vertu de la loi du 1er avril 1898, payer les arrérages de leurs pensions par prélèvement sur les intérêts du fonds commun, qui restait déposé à la Caisse des dépôts et consignations et continuait, par conséquent, à porter intérêt au taux de faveur de 4 1/2 %, il semblait nécessaire d'établir un nouveau barème, majorant les pensions sur fonds commun servies par l'intermédiaire de la Caisse nationale, de façon à élever à 4.50 % l'intérêt du capital immobilisé à cette caisse.

L'arrêté du ministre de l'Intérieur du 3 septembre 1903, qui a abrogé implicitement l'arrêté du 30 avril 1900, décide qu'à l'avenir « les pensions de retraites qu'accordent les sociétés de secours mutuels par l'intermédiaire de la Caisse nationale des retraites pour la vieillesse seront servies aux titulaires sur le taux de 4.50 %, au moyen d'une majoration donnée par l'Etat ».

Le supplément de rente, correspondant à l'élévation à 4.50 % du taux d'intérêt de la Caisse nationale des retraites, est constitué, à capital aliéné, au moyen d'un prélèvement sur un crédit spécial inscrit au budget.

---

(1) *Procès-verbaux du Conseil supérieur*, session de mai 1903, p. 114.

La Caisse nationale des retraites pour la vieillesse servant actuellement à ses déposants un intérêt de 4.50 %, l'application de l'arrêté du 3 septembre 1903 se trouve suspendue.

3° SUBVENTIONS « DE PREMIER ÉTABLISSEMENT »

L'article 16, 2°, de l'arrêté réglementaire du 5 novembre 1918 permet d'attribuer aux sociétés approuvées qui se fondent, principalement à celles qui sont créées dans des localités dépourvues de toute mutualité, une subvention dite « de premier établissement », destinée à leur constituer un fonds de roulement (1).

Des subventions de même nature peuvent être allouées aux associations mutualistes approuvées qui organisent un dispensaire d'hygiène sociale et de préservation antituberculeuse, par application de la loi du 15 avril 1916.

Pour obtenir une subvention de premier établissement, les sociétés doivent adresser une demande spéciale au ministre de l'Hygiène, de l'Assistance et de la Prévoyance sociales.

4° SUBVENTIONS A TITRE DE SECOURS

Les associations mutualistes approuvées dont la situation financière accuse un déficit peuvent obtenir une subvention à titre de secours.

L'article 26 de la loi du 1er avril 1898 prévoit, en effet, que sur les arrérages de la dotation et sur les crédits de subvention inscrits au budget en faveur de la mutualité, il sera opéré un prélèvement maximum de 5 %, pour venir en aide aux sociétés de secours mutuels qui, « par suite d'épidémies ou de toute autre cause de force majeure, seraient momentanément hors d'état de remplir leurs engagements ». L'Administration supérieure, interprétant libéralement ce texte, subventionne aussi bien les sociétés de secours mutuels qui se trouvent en déficit par suite d'une épidémie que celles qui n'ont pu assurer l'exact équilibre de leurs recettes et de leurs dépenses par suite d'une mauvaise organisation financière. Toutefois, dans ce dernier cas, elle peut subordonner l'octroi de la subvention à des

---

(1) Ces subventions ont été établies en 1908, à la suite du vote par le Parlement, sur la proposition de M. Jules Mercier, d'un crédit de 60.000 fr., « pour venir en aide aux Sociétés de secours mutuels et leur permettre de se constituer un fonds de réserve ». *Journal officiel. Débats parlementaires.* Chambre des députés, p. 2658.

modifications à apporter dans l'organisation reconnue défectueuse (1).

Les subventions à titre de secours sont accordées par le ministre de l'Hygiène sociale, sur la demande des associations intéressées accompagnée d'un état faisant ressortir leur situation financière.

Art. 2. — Bonification d'intérêts servie aux fonds déposés a la Caisse des dépôts et consignations

La loi du 15 juillet 1850 et le décret du 26 mars 1852 prescrivaient aux sociétés de secours mutuels approuvées et déclarées d'utilité publique de placer leurs fonds soit aux caisses d'épargne, soit à la Caisse des dépôts et consignations et fixaient à 4 1/2 % le taux de l'intérêt des sommes déposées dans ce dernier établissement. Le décret du 26 avril 1856 prévoyait également que les sommes votées par les sociétés approuvées en vue d'accroître leur fonds de retraite seraient versées à la Caisse des dépôts où elles produiraient intérêt à 4 1/2 %.

Ces mesures, lorsqu'elles furent prises, n'avaient d'autre but que de soustraire les fonds des associations mutuelles au risque de mauvais placements; en effet, le taux normal d'intérêt de l'argent atteignait 5 % et l'on ne pouvait considérer comme un avantage spécial, réservé à l'institution mutualiste, le droit de retirer un intérêt de 4 1/2 % des sommes déposées à la Caisse des dépôts et consignations.

Mais il advint, à la suite de la dépréciation du taux de loyer de l'argent, que l'intérêt fixe de 4 1/2 %, servi par la Caisse des dépôts et consignations aux fonds des sociétés approuvées, constitua, pour ces associations, un privilège fort onéreux pour le Trésor; aussi ce ne fut qu'après de longs débats que cet avantage leur fut maintenu par le Parlement, lors du vote de la loi du 1er avril 1898.

La commission de prévoyance de la Chambre des députés y était hostile et proposait de déclarer que le compte courant et le fonds commun des sociétés approuvées porteraient intérêt à un taux égal à celui de la Caisse nationale des retraites pour la vieillesse.

Le rapporteur, M. Audiffred, exposait en ces termes les raisons qui avaient amené la commission à adopter cette manière

---

(1) *Rapport sur les opérations des sociétés de secours mutuels*, 1860, p. 13.

de voir (1) : « En ce qui concerne le taux à allouer à ces placements — compte de dépôt et compte de retraite — nous avons jugé qu'il était nécessaire de l'uniformiser et de le conformer à celui des tarifs de la Caisse nationale des retraites pour la vieillesse, pour épargner aux sociétés la tentation de verser à l'un des comptes les capitaux destinés à l'autre et de pratiquer certaines combinaisons auxquelles a donné lieu la différence actuelle des taux produits par les versements à la Caisse des dépôts et consignations et par les versements à la Caisse nationale des retraites.

« L'Etat n'entend pas pour cela réduire les subventions qu'il alloue aux sociétés de secours mutuels, tout au contraire ; mais il importe qu'il sache toujours quelle est l'étendue des sacrifices qu'il consent. Et pour cela ses allocations doivent revêtir la forme de crédits annuels inscrits au budget et non de majorations dont il n'est possible à personne de calculer l'importance. On ne saurait demander à l'Etat de commettre un acte d'imprévoyance pour encourager les institutions de prévoyance. »

Lors de la discussion de l'article 21, de nombreux députés demandèrent à la Chambre (2) de maintenir le taux d'intérêt de 4 1/2 %, servi depuis 1852 aux fonds déposés par les sociétés de secours mutuels approuvées à la Caisse des dépôts et consignations. M. Lechevallier, M. Jules Mercier, affirmèrent que si l'on diminuait de 1 % les 4 1/2 % qui leur étaient jusqu'alors accordés, les sociétés ne pourraient plus remplir leurs engagements. M. Sibille fit observer que les premières victimes de cette réduction seraient les vieillards, qui, pendant de longues années, ont pratiqué la prévoyance et sont les plus dignes de la sollicitude du Gouvernement. Enfin, M. Louis Ricard vint défendre à la tribune le 4 1/2, dans lequel il voyait « la condition essentielle de la vie des sociétés de secours mutuels : la certitude du lendemain ».

Grâce à l'appui que leur prêta le ministre de l'Intérieur, M. Louis Barthou, les mutualistes eurent gain de cause. Le paragraphe 1er de l'article 21 de la loi du 1er avril 1898, modifié par l'article 61 de la loi de finances du 31 mars 1903, est ainsi conçu :

---

(1) *Journal officiel.* Chambre des députés. *Débats parlementaires,* 1896, p. 801 ; 1897, p. 1308.

(2) *Journal officiel.* Chambre des députés. *Documents parlementaires,* S. O., 1895, p. 168.

« La différence entre le taux de 4 1/2 %, déterminé pour le compte courant et le fonds commun par le décret-loi du 26 mars 1852 et le décret du 26 avril 1856, et l'intérêt servi par la Caisse des dépôts et consignations sera versée, à titre de bonification, à chaque société de secours mutuels approuvée ou reconnue d'utilité publique, en raison de son avoir à la Caisse des dépôts et consignations (fonds libre et fonds commun de retraites), au moyen d'un crédit inscrit chaque année au budget du ministère de l'Hygiène sociale (1). »

ART. 3. — EXEMPTION DES DROITS DE TIMBRE
ET D'ENREGISTREMENT

Aux termes du paragraphe premier de l'article 19 de la loi du 1er avril 1898, tous les actes intéressant les sociétés de secours mutuels approuvées sont exempts des droits de timbre (2) et d'enregistrement (3). Toutefois, en vertu du paragraphe 3 du même article, les transmissions de propriété, d'usufruit ou de jouissance de biens meubles ou immeubles, soit entre vifs, soit par décès, ne bénéficient pas de ces immunités fiscales.

Les actes et pièces appelés à jouir des dispenses des droits de timbre et d'enregistrement n'y peuvent prétendre qu'autant qu'il résulte de leur contexte ou d'une déclaration inscrite soit à la suite, soit en marge, que les conditions auxquelles la loi a subordonné les immunités se trouvent remplies (4).

---

(1) L'impôt sur le revenu des capitaux mobiliers, prévu à l'article 38 de la loi du 31 juillet 1917, n'est pas applicable aux intérêts des fonds déposés par les sociétés de secours mutuels approuvées à la Caisse des dépôts et consignations.

(2) On s'est demandé si l'article 28 de la loi du 1er avril 1898, qui fait perdre aux sociétés de secours mutuels approuvées dont les secours dépassent un certain chiffre, le bénéfice de la remise des droits d'enregistrement, les privait en même temps de l'exemption des droits de timbre. L'Administration des finances résout cette question par l'affirmative. Elle estime, en s'appuyant sur les travaux préparatoires de la loi, que la formule « droits d'enregistrement » doit s'entendre de tous les droits dont la remise est prévue par l'article 19, c'est-à-dire des droits de timbre aussi bien que des droits d'enregistrement. (Instruction du 25 juin 1898, relative à l'exécution de la loi du 1er avril 1898 sur le régime fiscal des sociétés de secours mutuels.)

(3) La dispense ne concerne que les *droits* d'enregistrement ; elle ne s'étend pas à la formalité de l'enregistrement qui doit être requise toutes les fois qu'elle est nécessaire et donnée gratuitement s'il y a lieu. (Instruction du 25 juin 1898.)

(4) Les actes et pièces doivent indiquer qu'il s'agit d'une société approuvée ou reconnue d'utilité publique n'accordant à aucun de ses membres ni des indemnités moyennes supérieures à 5 francs par jour, ni des allocations annuelles ou des pensions supérieures à 360 francs, ni des capitaux en cas de vie ou de décès supérieurs à 3.000 francs. (Instruction du 25 juin 1898.)

Parmi les pièces exemptes des droits de timbre et d'enregistrement figurent notamment :

1° Les expéditions d'actes de naissance, de mariage ou de décès, délivrées aux présidents des sociétés de secours mutuels dans l'intérêt de ces associations ; lesdits actes doivent contenir la mention expresse de leur objet et de leur destination spéciale ;

2° Les bulletins n° 3 du casier judiciaire demandés par les personnes qui sollicitent leur admission dans une société de secours mutuels, qui sont enregistrés gratis, à la condition que la demande soit revêtue du visa du président de la société (1) ;

3° Les affiches contenant le compte rendu des opérations morales et financières de l'association, convoquant les adhérents à une réunion, annonçant une fête donnée au bénéfice de la société, appelant l'attention du public sur les avantages offerts par le groupement qui les a fait apposer, etc. ;

4° Les récépissés remis par les préposés de la Caisse des dépôts et consignations aux trésoriers des sociétés pour les dépôts effectués par celles-ci, ainsi que les déclarations de versements que certains trésoriers sont dans l'usage de réclamer en même temps que le récépissé ;

5° Les certificats médicaux ;

6° Les mémoires des médecins et des pharmaciens ainsi que des fournisseurs de la société ;

7° Les quittances délivrées par les économes des hospices, lorsque les frais d'hospitalisation des sociétaires sont supportés directement par les sociétés elles-mêmes.

D'autre part, le paragraphe 2 de l'article 19 exempte du timbre de quittance et, par voie de conséquence, de la taxe de 0.20 % établie par l'article 19 de la loi du 31 décembre 1917 :

1° Les reçus des cotisations des membres participants et des membres honoraires ;

2° Les registres à souche qui servent au paiement des dépenses de maladie ;

3° Les reçus des sommes versées aux pensionnaires.

Enfin, le dernier paragraphe du même article prescrit que les certificats, actes de notoriété et autres pièces, exclusivement relatives à l'exécution de la loi du 1er avril 1898, seront délivrés

----

(1) Circulaire du garde des sceaux, ministre de la Justice, du 13 juin 1901.

gratuitement et exempts des droits de timbre et d'enregistrement (1).

ART. 4. — SUBVENTIONS ALLOUÉES AUX SOCIÉTÉS CONSTITUÉES PARMI LE PERSONNEL OUVRIER DES FILATURES DE SOIE

La loi du 11 juin 1909, qui a alloué des primes aux filateurs de soie, a prescrit que, sur le total de ces primes, un prélèvement de 6 % serait effectué, pour être réparti entre les sociétés de secours mutuels composées des ouvriers des filatures.

Pour participer à cette répartition, les associations doivent satisfaire aux conditions déterminées par le décret du 26 février 1910, modifié par le décret du 30 mai 1913.

Les subventions, qui ne peuvent excéder 75 % des dépenses admises en compte pour chaque société, sont accordées par une commission de contrôle instituée auprès du ministre du Commerce et de l'Industrie.

----

(1) La légalisation des pièces nécessaires à l'exécution de la loi du 1er avril 1898 est gratuite ; de même les certificats de vie et de propriété destinés au payement des arrérages des pensions servies par les sociétés de secours mutuels approuvées doivent être délivrés gratuitement par les maires.

TITRE IV

Les diverses formes de la mutualité.

CHAPITRE PREMIER

Des caractères qui permettent de différencier les sociétés de secours mutuels.

Si toutes les mutualités présentent un certain nombre de caractères communs, qui permettent de les distinguer des autres institutions de prévoyance et d'assurance sociales, cependant toutes les associations régies par la loi du 1er avril 1898 ne sont point d'un type identique. .

Parmi les éléments qui interviennent pour imprimer à chaque société sa physionomie spéciale, il faut signaler, en premier lieu, le but poursuivi par le groupement. Il n'est pas douteux, en effet, que les institutions mutualistes qui pratiquent l'assurance en cas de vieillesse ou de décès sont sensiblement différentes de celles qui secourent leurs adhérents en cas de maladie.

Les sociétés de retraite ou d'assurance en cas de décès se proposent essentiellement un objet pécuniaire; ce sont, le plus souvent, des associations à circonscription étendue, dont les membres sont unis par une simple communauté de risques; elles ont le caractère de véritables sociétés de capitaux, tenues, sous peine de faillir à leurs engagements, d'observer strictement, vis-à-vis de leurs adhérents, les conditions du contrat d'assurance et de se conformer aux règles inflexibles de la technique actuarielle.

Les sociétés de maladie groupent, au contraire, des amis, des voisins, des compagnons qui, mettant en commun le plus grand des risques qui les menace, assurent fraternellement à celui d'entre eux qui en est atteint les soins que comporte son état, afin d'éviter que son mal ne s'aggrave et ne vienne irrémédiablement compromettre sa capacité de travail ou sa vie. Les sociétés de cette catégorie reposent sur un échange permanent de services et sur les sentiments d'une étroite et cordiale solidarité. Les rapports qui s'établissent entre l'association et ses membres ne s'inspirent point d'un rigide contrat *do ut des;* en dehors des droits que les adhérents tiennent de leurs statuts, il y a toujours « une part meilleure faite à la faiblesse, une chance de plus pour celui qui a le plus besoin d'appui » (1). C'est là ce qui constitue l'originalité profonde de la mutualité française, ce qui fait sa puissance de séduction.

Autant que la nature des services qu'elles assurent, l'âge et le sexe de leurs adhérents interviennent pour différencier les sociétés de secours mutuels.

Pendant longtemps, l'accès des institutions mutualistes fut réservé aux adultes de sexe masculin. Plus tard, lorsque la femme, la mère, l'enfant y furent admis, on constata que les besoins de ces nouveaux membres étaient sensiblement différents de ceux des hommes. Aussi, au lieu de les incorporer purement et simplement dans les sociétés d'adultes existantes, on créa, à leur intention, des groupements spéciaux, qui leur furent exclusivement réservés.

C'est ainsi qu'à côté de la mutualité d'adultes, qui continua à assurer à ses adhérents l'ensemble des secours mutuels, se développa :

1° La mutualité maternelle, qui protège la mère avant et pendant l'accouchement et combat la mortalité infantile en organisant des consultations de nourrissons, en encourageant l'allaitement maternel, etc.

2° La mutualité scolaire, qui enseigne à l'écolier les bienfaits de la prévoyance, lui accorde des secours en cas de maladie et lui constitue, à l'âge où les efforts d'épargne produisent le maximum de résultats, les premiers éléments d'une pension de retraite;

3° La mutualité militaire, qui s'efforce de faire pénétrer chez les jeunes soldats la notion et le goût de la prévoyance et facilite leur admission, à leur sortie du régiment, dans un groupement mutualiste d'adultes.

---

(1) *Rapport sur les opérations des sociétés de secours mutuels,* année 1852, p. 16.

CHAPITRE II

La mutualité d'adultes.

§ 1er. — DÉVELOPPEMENT DE LA MUTUALITÉ D'ADULTES EN FRANCE.

Jusqu'aux environs de l'année 1898, les sociétés d'adultes ont constitué l'unique forme de la mutualité française et l'histoire de cette catégorie d'associations se confond avec l'histoire de l'institution mutualiste.

Le tableau suivant montre le développement progressif des sociétés de secours mutuels d'adultes à partir du milieu du XIXe siècle :

ANNÉES	NOMBRE DE SOCIÉTÉS	NOMBRE DE PARTICIPANTS (en milliers)	CAPITAUX (en millions de francs)
1848	496		
1850	1.584		
1852	2.301	249	10
1860	4.327	494	25
1888	8.688	1.364	115
1898	11.006	1.573	262
1908	17.304	3.499	532
1910	18.638	3.552	573
1913	18.886	3.924	655

Les chiffres précédents établissent que le développement des sociétés de secours mutuels est directement lié à la liberté qui leur est octroyée par l'Etat.

Sous la législation libérale de 1848-1850, le nombre des associations qui se fondent s'élève à 372 par an, alors que, sous le régime du décret-loi de 1852, la moyenne des créations annuelles ne dépasse pas 250 pour la période 1852-1860.

De 1888 à 1898, la moyenne des sociétés d'adultes annuellement fondées est de 231 unités; cette moyenne s'accroît, pour la période qui suit la promulgation de la loi du 1er avril 1898, de 170 % et atteint le chiffre considérable de 629 sociétés. Pendant la même période décennale, les mutualités d'adultes recrutent 1.926.000 nouveaux adhérents, soit une augmentation de 122 %.

D'autre part, la même statistique montre que les grandes lois d'assistance — loi du 15 juillet 1893 sur l'assistance médicale gratuite, loi du 14 juillet 1905 sur l'assistance obligatoire aux vieillards, aux infirmes et aux incurables privés de ressources — n'ont point sensiblement entravé l'essor des institutions mutualistes. On ne constate, en effet, dans les années qui suivent la mise en application de ces lois, aucun fléchissement appréciable dans les courbes ascensionnelles du nombre et des effectifs des sociétés de secours mutuels d'adultes.

On doit noter par contre que la loi du 5 avril 1910, qui a institué en faveur des salariés un régime obligatoire de retraites, a arrêté le développement des sociétés spéciales de retraites (1).

§ 2. — Des différentes formes de la mutualité d'adultes

Il est possible de classer les sociétés d'adultes d'après les fonctions qu'elles remplissent et, à ce point de vue, les statistiques dressées par le ministère de l'Hygiène divisent les associations mutualistes en 7 catégories ; la première comprend les sociétés qui se bornent à secourir leurs membres en cas de maladie ; la deuxième, celles qui accordent des secours aux malades et des pensions de retraite aux vieillards ; la troisième, celles qui assurent principalement le service de la retraite ; la quatrième, les sociétés d'assurance en cas de décès ; la cinquième, les sociétés d'assurance en cas de vie ; la sixième, les mutualités maternelles ; enfin, dans la septième, sont classés les groupements qui n'ont pas trouvé place dans les catégories précédentes.

On peut aussi répartir les associations d'adultes, d'après le sexe de leurs adhérents, en sociétés d'hommes, sociétés de femmes et sociétés mixtes.

Pendant longtemps, les sociétés d'adultes se sont montrées hostiles à l'admission des femmes qui, dans leur opinion, constituaient une charge trop lourde. Bien que l'on ne possède pas

---

(1) En dehors des sociétés de secours mutuels ordinaires, il existait, au 1er janvier 1914, 29 unions de sociétés de secours mutuels, nationales ou interdépartementales, 96 unions départementales, 22 unions d'arrondissement, 90 unions cantonales ou urbaines.
La Fédération nationale de la mutualité groupe l'ensemble des unions départementales.

de statistiques précises à cet égard, l'expérience des sociétés féminines et des sociétés mixtes existantes semble prouver que la morbidité des femmes ne dépasse pas sensiblement celle des hommes. Rien ne s'oppose, par conséquent, à ce que l'admission des femmes se généralise dans la mutualité. Les publications du ministère du Travail montrent que les progrès réalisés dans ce sens sont constants, quoique lents. En 1913, le nombre des sociétés de maladie et de maladie-retraite qui admettaient des adhérents des deux sexes s'élevait à 5.450, soit 29 % du total de ces sociétés ; en 1890, cette proportion n'était que de 23 %.

La femme peut entrer dans les sociétés de secours mutuels soit en qualité de participante ordinaire, soit en qualité d'épouse, admise simplement à bénéficier des avantages sociaux moyennant un supplément de cotisation payé par le chef de famille. M. Cheysson s'est fait, dans de nombreux écrits et conférences, le propagateur de cette dernière forme de mutualité. Persuadé, avec Le Play, que « la véritable unité sociale ce n'est pas l'individu, mais la famille », que « de sa solidarité ou de ses défaillances dépendent la prospérité et la décadence des peuples », il a montré, avec beaucoup de force, que c'était un anachronisme et une injustice de réserver à l'homme le bénéfice exclusif de l'institution mutualiste et insisté pour que, désormais, elle étende son action à la femme et aux enfants en adoptant le caractère familial. « Je demande, disait-il (1), que le père entre dans la mutualité avec sa famille tout entière ; qu'il la couvre de son nom, qui en est la raison sociale, sauf à payer des cotisations proportionnelles aux charges qu'il apporte, avec une bonification pour les familles nombreuses » (2).

On a précédemment signalé que les sociétés de secours mutuels en cas de maladie étaient fondées entre personnes liées par des relations personnelles. Il est donc possible de classer les associations de cette catégorie d'après la nature des rapports qui unissent leurs membres.

Les sociétés de secours mutuels ont été, à l'origine, à base généralement professionnelle. « Entre personnes qui ont, dit M. de Contenson, les mêmes occupations, les mêmes intérêts et

---

(1) E. CHEYSSON. *Discours sur la mutualité familiale. Revue de la Prévoyance et de la Mutualité*, 1904, p. 472.

(2) L'administration permet aux sociétés de secours mutuels d'appliquer aux pères de familles nombreuses un tarif dégressif de cotisations. *Procès-verbaux du Conseil supérieur des sociétés de secours mutuels*, 1918, p. 77.

le même idéal, entre artisans de la même œuvre, vêtus fréquemment par profession d'un costume particulier, s'établissent des relations forcées de camaraderie et de fraternité, ce qu'on appelle en termes militaires l'esprit de corps et qui peut se transformer aisément en un lien de mutualité. » (1) La communauté de profession simplifie singulièrement d'ailleurs l'organisation de la société de secours mutuels : elle facilite le recrutement des sociétaires, la perception des cotisations, la surveillance des malades; elle répartit équitablement entre tous les membres les charges de l'assurance, puisque tous mènent le même genre de vie et sont soumis aux mêmes risques de morbidité.

La mutualité professionnelle ou corporative prend parfois la forme d'une société d'usine ou d'une mutualité patronale, lorsque l'employeur encourage la création, parmi ses ouvriers, d'une institution de prévoyance et l'aide de ses subventions. Les sociétés de secours mutuels de cette catégorie sont généralement réservées au personnel de l'usine, les cotisations sont parfois retenues au moment de la paye et calculées, comme les indemnités de maladie, en proportion des salaires. Mais l'association doit avoir une organisation et un fonctionnement absolument autonomes et son conseil d'administration ne peut être élu que par l'assemblée générale des sociétaires, par le vote au bulletin secret.

A côté des mutualités patronales, on doit citer, bien qu'elles soient en nombre restreint, les sociétés de secours mutuels syndicales. Pour encourager la formation des groupements mutualistes de cette espèce, la loi du 21 mars 1884 avait prévu, dans son article 6, que les syndicats professionnels pourraient, sans autorisation préfectorale, constituer entre leurs membres des caisses spéciales de secours mutuels. Cette disposition légale a perdu toute portée pratique depuis que la loi du 1er avril 1898 a accordé à toutes les sociétés de secours mutuels le droit de se former librement. Cependant l'article 40 de la loi de 1898 précise que « les syndicats professionnels constitués légalement aux termes de la loi du 21 mars 1884, qui ont prévu dans leurs statuts les secours mutuels entre leurs membres adhérents, bénéficieront des avantages de la présente loi, à la condition de se conformer à ses prescriptions », c'est-à-dire à la condition d'organiser un groupement spécial, ayant une caisse particulière,

---

(1) DE CONTENSON. *Syndicats mutualistes. Retraites*, p. 223.

une administration propre et un fonctionnement indépendant.

Dans les grandes villes, à côté des sociétés de secours mutuels professionnelles fonctionnent assez souvent des groupements mutualistes de personnes originaires d'un département ou d'une région déterminée. Il existe aussi quelques associations d'origine confessionnelle.

Dans les villes de moindre importance, ce sont surtout les rapports de voisinage qui unissent les membres des sociétés de secours mutuels. Les candidats y sont généralement reçus sans distinction de profession, à la seule condition d'habiter la commune ou certaines localités déterminées.

C'est évidemment la forme de sociétés communales ou intercommunales que la mutualité doit adopter si elle entend pénétrer profondément dans les campagnes. Dans une circulaire du 24 avril 1913, M. Henry Chéron, ministre du Travail, constatant qu'aucune agglomération n'est plus cohérente ni plus vivante que la commune, que, nulle part, les sentiments de solidarité et d'aide mutuelle ne sont plus développés, a instamment recommandé la création d'associations de cette catégorie.

CHAPITRE III

La mutualité scolaire.

Les mêmes raisons, qui faisaient écarter les femmes, s'opposaient à l'introduction des enfants dans les sociétés de secours mutuels d'adultes. Aussi, pour faire pénétrer largement l'enfant dans la mutualité, a-t-il fallu organiser des sociétés spéciales, qui ont obtenu, grâce au concours que l'école leur a prêté, le succès le plus éclatant.

§ 1ᵉʳ. — ORIGINE ET DÉVELOPPEMENT DE LA MUTUALITÉ SCOLAIRE

C'est en 1881 que M. Cavé eut l'idée de fonder une société de secours mutuels entre les élèves des établissements d'instruction du XIXᵉ arrondissement.

Il a exposé en ces termes les raisons qui l'amenèrent à créer un groupement exclusivement réservé aux écoliers (1) :

« En 1865... nous fondions dans ce même arrondissement (le XIXᵉ) une société de secours mutuels d'adultes, dont les débuts furent assez prospères pour permettre la réalisation de quelques économies en vue d'une retraite dont nous avions laissé luire la possibilité aux yeux de nos adhérents. Il en est souvent ainsi dans les premières années de fonctionnement de nos associations mutualistes.

« Mais, dès la douzième année d'exercice, les dépenses toujours croissantes occasionnées par les frais de maladie des sociétaires déjà vieillis étaient telles qu'elles ne nous laissaient plus d'illusions sur l'importance de la pension que nous pourrions leur servir, même après trente années de sociétariat et soixante-cinq ans d'âge.

« Cette pension est encore aujourd'hui de 60 francs par an seulement, c'est-à-dire infiniment trop faible pour parer aux besoins les plus indispensables d'un vieillard.

---

(1) Allocution de M. Cavé, à la fête du 18 juin 1905, donnée à l'occasion du 25ᵉ anniversaire de la première société de secours mutuels scolaire. Cité par Berteloot, *La mutualité scolaire*, p. 13.

« Il fallait un remède à cette situation! Ce remède semblait consister à constituer la société au moyen d'éléments plus jeunes, par cette raison plus robustes et capables avec une moindre cotisation de laisser en caisse, chaque année, des excédents de ressources employables à la formation du capital de retraite.

« Il fallait, en même temps, à côté du fonds commun, dont l'organisation primitive est peu fructueuse, établir au profit du sociétaire un livret de la Caisse nationale des retraites (qui capitalisait alors à 5 %), sur lequel serait inscrite une cotisation spéciale, susceptible de produire, par une plus longue accumulation des intérêts composés, une pension certaine plus élevée. Pour atteindre le but souhaité, il s'agissait donc seulement de composer la société d'adolescents, et même encore, s'il se pouvait, d'enfants de nos écoles.

« Voilà, messieurs, dans toute sa simplicité, la conception dont on prétend me faire honneur ».

Le mécanisme général de l'association créée par M. Cavé était le suivant :

La société se recrutait exclusivement parmi les écoliers du XIX⁰ arrondissement; les adhérents payaient une cotisation hebdomadaire de dix centimes qu'ils remettaient chaque lundi à l'instituteur.

Des deux sous qu'elle percevait toutes les semaines, l'association faisait deux parts; un sou était affecté aux secours en cas de maladie, l'autre était versé sur livret individuel de la Caisse nationale des retraites pour la vieillesse.

Si l'enfant tombait malade, ses parents touchaient une indemnité de 0.50 par journée de maladie pendant le premier mois, de 0.25 par jour pendant les deux mois suivants.

Le sociétaire recevait d'autre part un livret individuel de la Caisse nationale des retraites sur lequel la société versait chaque année la portion de cotisation destinée à la retraite.

Enfin les économies réalisées sur le service de la maladie et les subventions de l'Etat étaient affectées à la constitution et à l'accroissement d'un fonds commun inaliénable, destiné à servir des pensions aux adhérents ayant atteint l'âge de cinquante cinq ans.

M. Cavé fut autorisé à exposer son projet aux instituteurs du quartier de la Villette; grâce au concours que ceux-ci lui prêtèrent, la « société scolaire municipale de secours mutuels et de retraites du XIX⁰ arrondissement de Paris », approuvée par arrêté du 18 juin 1881, compta, au bout de peu de temps, plus de 2.000 adhérents.

— 174 —

Pour vulgariser le nouveau type d'association mutualiste qu'il avait imaginé, M. Cavé s'adressa à la Ligue de l'Enseignement, présidée par Jean Macé, qui s'empressa de mettre à la disposition des maîtres et des amis de l'école laïque des modèles de statuts, des brochures de vulgarisation. Puis, en compagnie de M. Edouard Petit, il entreprit à travers la France une tournée de propagande qui éleva le nombre des mutualités scolaires de 10, en 1896, à 146, en 1898.

Devant ces résultats pleins de promesses, les ministres de l'Intérieur et de l'Instruction publique décidèrent de confier à un certain nombre de professeurs de l'enseignement secondaire la mission de faire connaître et de répandre, dans tous les départements, la mutualité scolaire. Leurs efforts furent couronnés d'un entier succès comme en témoigne la statistique ci-après :

ANNÉES	NOMBRE DE SOCIÉTÉS	NOMBRE DE PARTICIPANTS (en milliers)	CAPITAUX (en millions de francs)
1899	677	220	1
1900	1.163	346	2
1901	1.507	468	3
1902	1.731	522	4
1904	2.029	606	7
1908	2.049	736	14
1913	2.185	835	20

§ 2. — ORGANISATION DE LA MUTUALITÉ SCOLAIRE

Les sociétés scolaires sont composées de membres participants âgés de 3 à 18 ans, élèves ou anciens élèves des établissements d'instruction de la commune ou du canton, et de membres honoraires parmi lesquels est choisi, par le vote au bulletin secret, le conseil d'administration. En fait les mutualités scolaires sont administrées par le personnel enseignant, sous la direction de l'inspecteur primaire ou de l'inspecteur d'académie.

Ces groupements se proposent essentiellement : 1° d'accorder des indemnités quotidiennes en cas de maladie; 2° de constituer des pensions de retraites; 3° de faciliter l'admission de leurs adhérents dans les sociétés d'adultes.

1° *Service de la maladie.* — Les sociétés scolaires accordent généralement à leurs adhérents une indemnité de 0.50 par jour, pendant le premier mois de maladie, et de 0.25 par jour, pendant les deux mois suivants ; elles ne leur assurent ni les soins du médecin, ni les médicaments.

L'examen de leurs bilans montre, d'une part, que le coût du service des allocations en cas de maladie ne dépasse pas, en moyenne, 1 fr. 33 par sociétaire et par an ; d'autre part, que les frais de gestion s'élèvent à 0 fr. 32 par adhérent. Comme les membres participants versent, pour l'assurance-maladie, une cotisation annuelle de 2 fr. 60, il en résulte qu'en fin d'année les sociétés scolaires disposent — même sans tenir compte des recettes extraordinaires telles que subventions des départements et des communes, cotisations des membres honoraires, dons et legs, intérêts des fonds placés, etc. — d'une réserve de 1 franc environ par participant et par an.

Jusqu'ici les mutualités scolaires ont surtout utilisé leurs ressources disponibles pour accroître le taux de la pension de retraite de leurs membres, soit qu'elles versent leurs économies au fonds commun inaliénable, soit qu'elles les répartissent sur les livrets individuels de leurs adhérents.

On constate cependant, depuis plusieurs années, particulièrement dans les sociétés qui fonctionnent au sein de grandes agglomérations urbaines, une tendance marquée à utiliser les réserves pour créer un service de préservation contre les maladies.

Parmi les mesures prophylactiques qui, à l'usage, se sont révélées les plus efficaces, on doit signaler l'envoi à la campagne, à la montagne ou à la mer, des sociétaires débiles, désignés par un médecin délégué à cet effet (1). L'expérience montre que la plupart des enfants retirent grand profit d'un séjour de quelques semaines au grand air et que leur force de résistance aux maladies s'en trouve notablement accrue.

2° *Service de la retraite*. — Quelques mutualités scolaires ont adopté exclusivement, pour la constitution de leurs pensions, le système du livret individuel, d'autres, celui du fonds commun inaliénable ; mais la majorité des groupements utilise conjointement le livret individuel et le fonds commun, à l'imitation de la société scolaire du XIX° arrondissement de Paris.

Nous estimons que cette dualité de systèmes offre plus d'inconvénients que d'avantages et nous souhaiterions voir adopter exclusivement le livret individuel par les groupements scolaires.

------

(1) Circulaire du ministre du Travail du 21 juin 1913.

3° *Affiliation des mutualistes scolaires aux sociétés de secours mutuels d'adultes*. — La mutualité scolaire, en dehors des bénéfices pécuniaires, immédiats ou à venir, qu'elle réserve à ses membres participants, a le grand mérite d'enseigner aux écoliers les bienfaits de l'assurance et de l'épargne et de constituer, dans le domaine de la prévoyance, la plus instructive leçon de choses.

Aussi son œuvre serait-elle incomplète si elle n'essayait pas d'obtenir de ses adhérents qu'ils continuent, à leur sortie de l'école, à faire œuvre de prévoyance et à pratiquer la mutualité en les affiliant à une société de secours mutuels d'adultes. M. Cavé avait nettement senti l'importance du rôle que peuvent jouer les sociétés scolaires dans le recrutement des groupements d'adultes et il avait inscrit, parmi les buts que se proposait d'atteindre la mutualité scolaire du XIX° arrondissement de Paris, l'affiliation des adhérents à une association d'adultes à leur sortie de l'école.

Pour faciliter cette affiliation, les sociétés d'adultes dispensent généralement du stage et des droits d'entrée les candidats venant d'une mutualité scolaire.

CHAPITRE IV

La mutualité maternelle.

§ 1ᵉʳ. — Origine et développement de la mutualité
maternelle

La première mutualité maternelle a été créée à Paris, au mois
de mai 1891, par deux notables commerçants de la capitale,
M. Poussineau, dit Félix et M. Brylinski.

M. Brylinski a fait connaître les circonstances dans lesquelles
cette œuvre était née et les sentiments qui avaient guidé ses fondateurs :

« Les statistiques nous disent que la mortalité des enfants du
premier âge est en moyenne, en France, de 27 0/00, et, dans la
classe ouvrière, cette proportion est bien plus considérable
encore. De plus, sur 100 décès d'enfants de un jour à un an, 46,
c'est-à-dire près de la moitié, se produisent pendant les six premières semaines.

« Si, en regard de la mortalité nous examinons la natalité,
nous constatons qu'en France elle est de 103 0/00, c'est-à-dire
qu'il y a 103 naissances pour 1000 femmes. La natalité est de
158 en Allemagne et dans les Pays-Bas. Notre pays est donc
celui auquel la perte d'un enfant est le plus nuisible. C'est cet
excédent des décès sur les naissances qui a fait jeter à M. Jules
Simon ce cri d'alarme : « Nous perdons une bataille chaque
jour »...

« Le vrai remède, le voici : protéger l'enfant qui vient de naître, l'entourer de soins, lui permettre d'atteindre ce terme fatal
de six semaines; protéger aussi la mère, lui permettre d'élever
et de soigner son enfant, l'obliger elle-même à se soigner et à
ne reprendre son travail qu'après son rétablissement complet;
ne pas repousser enfin la fille abandonnée, ne voir en elle, malgré
sa faute, qu'une mère à protéger, à sauver peut-être.

« Ce remède nous n'avons pas le mérite de l'avoir trouvé.

C'est M. Jules Simon qui l'a signalé. C'est M. Jules Simon, toujours préoccupé du bien-être matériel et moral de la classe ouvrière, qui a fait voter au congrès de Berlin, le vœu suivant : « La mère ne pourra reprendre son travail que quatre semaines après son accouchement.»

« Cette obligation de repos pour les femmes accouchées a failli devenir, non pas un article de foi — c'est fait! — mais un article de loi. Dans la séance du 5 février 1891 de la Chambre des députés on a discuté un article proposé par M. le comte de Mun et ainsi conçu : « Les femmes accouchées ne peuvent être admises au travail que quatre semaines après leur accouchement. »

« Je relisais cette intéressante, cette édifiante discussion et je m'étonnais qu'il n'y fût nulle part question de l'association des femmes en couches, créée, en 1866, à Mulhouse par M. Jean Dollfuss, présidée aujourd'hui par son petit-fils, M. Alfred Engel, et grâce à laquelle la mortalité des enfants du premier âge a diminué de 15 %. Au moment où je songeais aux heureux résultats de cette œuvre si utile, je reçus la visite de mon confrère et ami, M. Félix. Il sortait d'une réunion où M. Jules Simon avait, une fois de plus, chaleureusement plaidé la cause de la mère et de l'enfant et il me dit : « Voulez-vous que nous fassions pour les ouvrières de nos industries ce qu'un article de loi n'a pu faire encore? Les trois chambres syndicales de la couture et confection, des dentelles et broderies, de la passementerie et mercerie ont donné, le 4 avril, une fête de bienfaisance au profit d'une œuvre indéterminée, d'une œuvre à créer. Cette œuvre sera celle-là ! »

« Une première difficulté nous arrêta assez longtemps. Quel serait le chiffre de la cotisation ? Nous nous trouvions en présence de deux formes de la mutualité : celle que j'appellerai la mutualité scientifique et celle que je nommerai la mutualité philanthropique. Appliquerions-nous rigoureusement les principes de la mutualité scientifique? Demanderions-nous à nos participantes une cotisation qui permît de faire face à toutes nos charges ? Mes collègues et moi nous ne l'avons pas pensé un seul moment. Nous poursuivons un but social et patriotique; nous devons donc réclamer à nos participantes une prime d'assurance afin que l'indemnité devienne pour elles un droit et non un secours. Mais nous poursuivons aussi un but philanthropique; la prime d'assurance devait être la plus minime possible et le nombre de participantes considérable. Nous n'avons donc pas hésité à affirmer que nous, patrons, avions le devoir d'apporter un large concours matériel à l'œuvre et nous avons fixé à 0. 50 par mois la cotisation des membres participants. »

La mutualité maternelle de Paris fut d'abord réservée aux ouvrières et employées travaillant dans l'une des industries suivantes : couture et confections, dentelles et broderies, passementerie, mercerie, boutons et rubans, dont les chambres syndicales concouraient aux dépenses de l'œuvre ; puis furent acceptées les ouvrières des autres industries de Paris dont les groupements professionnels prenaient l'engagement de verser une contribution suffisante pour compenser l'accroissement de charges résultant de l'affiliation des nouvelles adhérentes. Enfin, les encouragements pécuniaires se multipliant, l'œuvre put ouvrir ses portes, en 1904, « à toute femme employée, ouvrière, ménagère ou domestique de nationalité française, domiciliée à Paris ou dans le département de la Seine ».

Au début, la cotisation versée par les sociétaires était de 0.50 par mois ; elle donnait droit, en cas d'accouchement, après un stage de neuf mois, à une indemnité hebdomadaire de 18 francs pendant quatre semaines. Une prime spéciale de 20 francs était allouée à toute sociétaire qui allaitait elle-même son enfant.

Plus tard, afin de faciliter le recrutement des participantes, la cotisation fut réduite à 0.25 par mois, l'indemnité hebdomadaire d'accouchement à 12 francs, la prime d'allaitement à 10 francs. En même temps, furent admises à bénéficier des avantages de l'œuvre les membres participantes des sociétés de secours mutuels agréées par le Conseil d'administration qui prenaient l'engagement de faire inscrire à la mutualité maternelle l'effectif complet de leurs sociétaires et de verser annuellement une cotisation de un franc par sociétaire, quels que soient l'âge et le sexe.

A l'origine, les fondateurs de l'association avaient limité ses services à l'allocation d'une indemnité pécuniaire d'accouchement. Mais l'expérience démontra bien vite que des soins médicaux devaient être assurés aux sociétaires tant avant qu'après les couches. Aussi la société créa-t-elle, dès 1892, un dispensaire ouvert trois fois par semaine, de midi à une heure, où étaient traitées toutes les maladies des femmes ainsi que les maladies générales. A ce dispensaire fut annexée une clinique de deux lits où étaient reçues les personnes dont la guérison était subordonnée à une intervention chirurgicale.

'Lorsque la mutualité maternelle devint accessible à toutes les employées, ouvrières, ménagères et domestiques du département de la Seine, les adhésions furent si nombreuses qu'il devint nécessaire de décentraliser les services médicaux, jusqu'alors groupés au siège social. Plus de 70 sections furent créées dans la plupart des quartiers de Paris et des communes de la banlieue. Les sociétaires y reçoivent les soins que nécessite leur état; des consultations de nourrissons permettent aux mères de surveiller de près, par des pesées régulières, le développement normal et la santé de leurs enfants; en outre des bons de lait et des secours de loyer, dus à la charité privée, y sont distribués aux plus pauvres d'entre elles.

D'autre part, la mutualité maternelle de Paris a constitué un fonds de secours extra-statutaires, destiné à lui permettre d'accueillir les mères qui, par ignorance, imprévoyance ou tout autre motif, ont négligé de se faire inscrire à la société en temps utile pour avoir droit aux indemnités allouées aux membres participantes.

Elle reçoit dans ses consultations de nourrissons toutes les mères sans distinction, qu'elles fassent partie ou non de l'association.

La seconde mutualité maternelle a été fondée le 28 juillet 1894 par M. Bonnier, à Vienne (Isère), sous le patronage de la chambre syndicale de l'industrie drapière viennoise et sur le modèle de la mutualité maternelle de Paris.

La troisième et la quatrième mutualité maternelle ont été créées, en 1895 et en 1897, à Dammarie-les-Lys, par M. Félix Poussineau, à Lille, par M. Foubert.

En 1902 il n'existait que 5 mutualités maternelles; on en comptait 22 en 1904, 30 en 1906, 50 en 1908, 70 en 1910, 90 en 1912 et 103 au début de l'année 1914.

§ 2. — Organisation des mutualités maternelles

Ces institutions limitent strictement leur action à la protection de la maternité et de l'enfance du premier âge. Les fonctions qu'elles assument sont, en effet, assez importantes et assez délicates pour qu'elles aient intérêt à se spécialiser et à ne point disperser leurs efforts en organisant des services qui sont normalement assurés par les sociétés de secours mutuels ordinaires.

Les mutualités maternelles participent à la fois de la prévoyance et de l'assistance. Ce sont des œuvres de prévoyance, puisque les participantes acquièrent, en échange du payement régulier de leur cotisation, un véritable droit aux secours sociaux ; ce sont aussi des œuvres d'assistance, parce qu'elles ne peuvent vivre sans faire largement appel au concours de l'Etat, des départements et des communes, à la générosité des collectivités et des particuliers, et que, le plus souvent, à côté des sociétaires ordinaires, elles admettent des membres extra-statutaires, qui n'entrent dans le groupement que lorsqu'elles sont déjà en état de grossesse et auxquelles, par conséquent, les principes de l'assurance ne sont pas applicables.

Enfin la mutualité maternelle est plutôt une œuvre d'hygiène générale et de protection contre les maladies qu'une institution destinée à allouer des secours en cas de maladie déclarée. L'on doit admirer, à cet égard, la sûreté et la précision avec laquelle elle a su régler son action et ses méthodes d'après les données les plus récentes de la science médicale.

Les statistiques établissent, d'une part, que l'enfant, au cours de la première année de son existence, court autant de risques de mourir qu'une personne âgée de plus de quatre-vingts ans ; d'autre part, que la mortalité du premier mois est considérable par rapport à celle des autres mois, qu'elle varie dans les proportions d'un tiers à un quart et approche parfois de la moitié de la mortalité totale de la première année.

Si l'on recherche les causes de cette mortalité particulièrement élevée, qui frappe les enfants pendant les quatre premières semaines de leur existence, on constate que les décès proviennent, par ordre décroissant, des naissances avant terme, des blessures reçues au cours de l'accouchement, des infections intestinales, de la syphilis, etc...

Ces statistiques permettent de conclure que le principal effort des mutualités maternelles doit se porter sur la femme enceinte, au cours du dernier mois de sa grossesse, et sur l'enfant, pendant le premier mois de sa naissance, en vue d'éviter les naissances prématurées, les accouchements difficiles, de hâter le prompt rétablissement de la mère, de défendre le nouveau-né contre la mortalité infantile.

Pour surveiller les mères pendant leur grossesse, la mutualité maternelle dispose des consultations de femmes enceintes.

Pour éviter les naissances prématurées, elle assure à l'ouvrière une indemnité journalière, qui lui permet de se reposer pendant les dernières semaines de sa grossesse.

Elle lui continue le payement de cette indemnité pendant la période de ses relevailles, afin qu'elle puisse se rétablir entièrement et être aux côtés de l'enfant pour le protéger contre la mortalité élevée qui le menace au cours du premier mois.

Les dames visiteuses, chargées d'apporter aux participantes les secours en argent, veillent à l'hygiène de la mère et du nouveau-né ; elles appellent son attention sur les avantages de l'allaitement maternel, sur les diverses primes que la société accorde aux jeunes femmes qui nourrissent elles-mêmes leur enfant.

Lorsque la mère est rétablie, la mutualité maternelle continue à veiller sur la santé de l'enfant au moyen des consultations de nourrissons.

A des jours et heures fixés d'avance, les mères de famille viennent présenter leur enfant au médecin chargé de la consultation ; on pèse le bébé ; on constate, sur la fiche, s'il a augmenté de poids dans les conditions normales ; on règle son alimentation ; on donne à la mère les conseils d'hygiène nécessaires.

Les statistiques établissent que partout où fonctionne une consultation de nourrissons la mortalité infantile s'est abaissée dans des proportions considérables.

Quelques mutualités maternelles organisent des « Gouttes de lait », destinées à fournir soit gratuitement, soit à tarif réduit, du lait rigoureusement stérilisé.

L'organisation de la mutualité maternelle a paru si conforme aux nécessités de la pratique et aux intérêts généraux du pays que la loi Strauss des 17 juin, 30 juillet 1913 et 2 décembre 1917 sur le repos des femmes en couches a étendu à toutes les mères françaises, privées de ressources suffisantes (1), les secours pécuniaires assurés à leurs participantes par les œuvres mutualistes de maternité.

Les mutualités maternelles et les sociétés de secours mutuels peuvent être chargées d'assurer le fonctionnement du service d'assistance des femmes en couches. Elles reçoivent dans ce cas, de l'Etat, du département et de la commune, les subsides nécessaires et leur rôle consiste à servir directement les allocations aux bénéficiaires et à assurer la protection et la surveillance hygiénique des femmes en couches et des nouveau-nés.

---

(1) Les ressources temporaires résultant de la participation de l'intéressée à une société de secours mutuels et notamment à une mutualité maternelle n'entrent pas en ligne de compte dans l'évaluation des ressources. (Art. 3, § 2, de la loi du 17 juin 1913 modifiée par la loi du 2 décembre 1917.)

CHAPITRE V

La mutualité militaire.

§ 1er. — Origine et buts des sociétés de secours mutuels

militaires

La mutualité militaire est de fondation relativement récente, puisque la première société de secours mutuels constituée dans l'armée n'a été approuvée que le 27 avril 1909.

Trois catégories différentes d'associations ont été organisées.

Il a été créé tout d'abord une « société nationale de secours mutuels approuvée entre officiers des armées de terre et de mer », qui a pour objet d'assurer à ses membres participants des pensions de retraites, des capitaux en cas de vie ou de décès; de leur verser une allocation en cas de naissance d'enfant; de leur accorder des secours immédiats dans certains cas exceptionnels; de pourvoir à leurs funérailles; d'accorder des secours renouvelables à leurs veuves, orphelins ou ascendants.

Le second type de société militaire s'adresse aux engagés, rengagés et commissionnés. Les groupements de cette catégorie sont formés par corps d'armée et les services qu'ils assurent sont identiques à ceux que prévoit la société nationale de secours mutuels approuvée entre officiers des armées de terre et de mer.

Le troisième type se recrute parmi les militaires accomplissant au corps, en qualité d'appelés ou d'engagés, le temps de service normal fixé par la loi.

Les sociétés de cette catégorie sont constituées par régiments, bataillons ou escadrons formant corps.

Elles se proposent de faire pénétrer dans l'armée la notion et la pratique de la mutualité et de préparer des recrues pour les associations mutualistes civiles. Elles prévoient la constitution d'un fonds de prévoyance destiné à permettre à leurs adhérents d'acquitter les premières cotisations et les droits d'entrée dus aux sociétés de secours mutuels d'adultes auxquelles ils adhéreront après leur libération ; elles assurent des pensions de retraite par le moyen du livret individuel de la Caisse nationale des retraites ; elles accordent des secours immédiats, en cas de besoins urgents, aux membres participants, à leurs veuves, orphelins ou ascendants ; enfin elles organisent un office de placement gratuit qui s'efforce de procurer du travail aux soldats, à leur sortie du régiment.

Au 1er janvier 1911, il existait 156 sociétés de secours mutuels constituées entre appelés et engagés pour la durée normale du service militaire.

§ 2. — ORGANISATION DES MUTUALITÉS MILITAIRES

Il était indispensable, si l'on voulait faire pénétrer la mutualité dans l'armée, de modifier certaines dispositions de la loi du 1er avril 1898, inconciliables avec les nécessités de la discipline ; il fallait éviter que les élections au conseil d'administration ne pussent se transformer en manifestations des sociétaires contre leurs chefs, empêcher qu'un colonel pût être cité par ses soldats devant le juge de paix sous prétexte de contestations relatives aux opérations électorales, etc.

Aussi la loi du 5 décembre 1908, qui a modifié l'article 3 de la loi du 1er avril 1898, a-t-elle donné aux ministres de la Guerre et de l'Hygiène les pouvoirs nécessaires pour régler, par des statuts-types, tout ce qui est relatif à la composition du conseil d'administration des sociétés de secours mutuels militaires, à la constitution et au rôle de leurs assemblées générales, au jugement des contestations d'ordre électoral.

Ces statuts-types, qui ont été approuvés par arrêté du 5 mars 1909, prévoient une organisation et un fonctionnement différents des sociétés de secours mutuels constituées dans l'armée suivant la catégorie des militaires auxquels elles s'adressent.

TABLE ALPHABÉTIQUE

P

Participants (Membres), 11, 14.
Pensions de retraite, 19, 69. — de retraite des sociétés approuvées, 72. — de retraite des sociétés libres, 101. — d'invalidité des sociétés approuvées, 99. — d'invalidité des sociétés libres, 101. — garanties, 69, 71. — non garanties, 69, 70. — servies par l'intermédiaire de la caisse nationale, 77. — servies par prélèvement sur les intérêts du fonds commun, 77.
Percepteurs, 25, 80.
Personnalité civile des sociétés de secours mutuels, 24.
Pharmaciens, 56.
Pharmacies mutualistes, 13, 57, 155.
Placement (Offices de), 44, 124, 155.
Placements des caisses autonomes, 83. — des caisses de retraites ouvrières, 89. — des sociétés approuvées, 17, 25. — des sociétés libres, 17, 25. — des sociétés reconnues d'utilité publique, 17, 24, 27. — du fonds commun inaliénable, 74.
Pourvoi en Conseil d'Etat, 22, 88.
Prélèvements sur les intérêts du fonds commun, 77, 78, 79, 98, 100.
Préservation contre les maladies, 59, 175.
Président (Nomination du), 5, 16.
Prestations en nature, 18, 56.
Prêts hypothécaires, 126.
Propriété (Petite), 126.

R

Radiation, 19.
Réassurance. V. *Caisse*.
Receveur des postes, 25, 80.
Récompenses honorifiques, 135.
Réformés (Soins médicaux aux), 62.
Registres, 141.
Règlement des caisses autonomes, 82. — des sociétés reconnues d'utilité publique, 23.

Retraites mutualistes, 43, 69, 92, 95, 149. — ouvrières et paysannes, 86, 95, 101.
Retraits de fonds, 17.

S

Sanatoriums, 61.
Scolaire. V. *Mutualité*.
Secours mutuels, 18, 43. — en argent, 43, 48. — en nature, 48, 56. — en cas d'accident, 46. — en cas de chômage, 122. — en cas de décès, 44, 103, 104, 107. — en cas d'invalidité, 68, 69. — en cas de maladie, 43, 45. — en cas de maternité, 45, 179. — en cas de vieillesse, 69. — médicaux, 43, 47, 48, 49, 52, 55. — pharmaceutiques, 43, 48, 49, 52, 56.
Secret professionnel médical, 46.
Section permanente du Conseil supérieur des sociétés de secours mutuels, 42.
Siège social, 14.
Société nationale de secours mutuels entre officiers des armées de terre et de mer, 183.
Société scolaire municipale de secours mutuels du XIX⁰ arrondissement, 172.
Soins médicaux, 47, 48, 52. — médicaux aux réformés, 63.
Spécialisation des cotisations, 18, 102.
Statistique des sociétés de secours mutuels, 33, 43.
Statuts, 12. — modèles, 13, 184.
Subsistance (Mise en), 44, 129.
Subventions à titre de secours, 146, 158. — allouées aux caisses de chômage, 140, 155. — allouées aux œuvres de maternité, 140, 154. — allouées aux sociétés constituées parmi le personnel ouvrier des filatures de soie, 163. — de premier établissement, 158. — ordinaires des sociétés d'adultes, 150, 151. — ordinaires des sociétés scolaires, 155. — ordinaires des unions, 156.

TABLE DES MATIÈRES

TITRE II

Les services mutualistes.

TITRE III

Les encouragements accordés par l'État à la Mutualité.

TITRE IV

Les diverses formes de la Mutualité.

Paris. — Imp. PAUL DUPONT (Cl.). — 62.6.20.

www.ingramcontent.com/pod-product-compliance
Ingram Content Group UK Ltd.
Pitfield, Milton Keynes, MK11 3LW, UK
UKHW021641170726
13836UKWH00005B/2316